초등 글쓰기 **12주** 완 성

고학년

맞춤법 잡는 글쓰기

[지에밥]
giebap

이 책을 확 잡는 방법

"읽기는 재미있는데 쓰기는 왜 어려울까?"

"눈으로 보면 다 아는 것 같은데 받아쓰기는 왜 못할까?"

"일기를 쓰려면 왜 오늘 한 일이 하나도 생각나지 않을까?"

글쓰기에 대한 이런저런 고민을 한 적이 있나요?

이 모든 것이 우리말에 대해 자신감을 갖지 못했기 때문이에요.

우리 말과 글을 사용하는 것은 아주 자연스럽고 즐거운 일이에요.

그럼에도 말하기와 글쓰기에 어려움을 느낀다면 그 원인을 찾아야 해요.

대부분의 어린이들이 문법에 맞게 낱말, 문장, 단락, 글을 바르게 써야 한다는

생각을 하지요. 그런데 이것에서 자유로워지려면 어느 정도

맞춤법에 대한 정리를 할 필요가 있어요.

이 책은 놀이를 하듯이 다양한 글을 읽고 맞춤법과 글쓰기를

완성할 수 있도록 구성하였어요. 교과서에 나온 어휘, 문법, 예문을

사용하였기 때문에 학교 공부에도 도움이 될 거예요.

다음에 설명된 이 책의 구성을 보면서 이 책을 완벽하게 활용하세요.

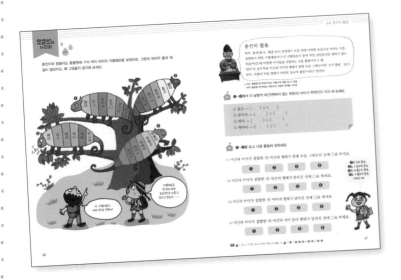

일상생활에서 자주 겪는
문제와 관련된 문법 문제를
풀어 봅니다.

맞춤법을 잡아라!

주변에서 흔히 보거나 즐기는 그림,
노래, 놀이 등의 통합적 자료를 보고
맞춤법을 정리해 봅니다.

글쓰기를 잡아라!

글쓰기의 배경 지식이 되는
다양한 읽을거리(옛이야기, 우화,
명작, 위인 이야기 등)를 읽고
학습 목표에 따라 글쓰기를
해 봅니다.

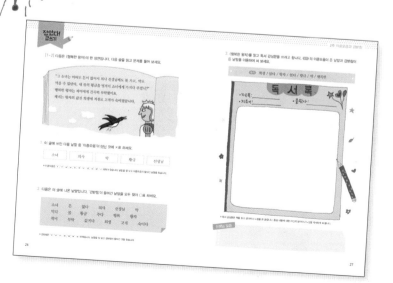

잡았다! 글쓰기

앞에서 배운 문법 내용을 바탕으로
자신의 상황에 적용하여 일기,
편지, 초대하는 글, 소개하는 글,
설명하는 글, 주장하는 글 등
다양한 갈래의 글쓰기를 해 봅니다.

차례

교과
연계

문 법	자음과 모음의 역사와 원리
제 재	〈훈민정음〉(고서), 우리나라 속담
글쓰기	한글을 소개하는 글 쓰기
교과 연계	4학년 1학기 8단원

1주

한글, 어디부터 아니?

자음과 모음

훈민이가 정음이에게 사이좋게 지내자는 내용의 편지를 썼어요. 그런데 정음이는 훈민이의 편지를 받고도 약속 장소에 나오지 않고 화를 냈어요. 왜 그랬을지 살펴보세요.

정음이에게

정음아, 안녕? 나 훈민이야.
나는 너를 진한 친구라고 생각하는데, 너는 그렇지 않은 것
같아 정말 속이 상해. 앞으로 너는 계속 나의 친구가 되어
줘. 그런 의미에서 나랑 같이 놀이터에서 놀지 않을래?
내일 5시 학교 장문에서 만나 같이 놀이터에서 놀자.
그럼 이만 줄일게.

2000년 O월 O일
친구 훈민이가

내가 뭐가 진하니?
그리고 학교에
장문이 어디 있니?

아, 아니,
난 우리끼린 통할 줄 알았지.
'친한'과 '정문'이라고!

자음과 모음

이런! 훈민이가 글자를 잘못 썼구나! 이건 자음을 잘못 써서 생긴 것이고 사회적 약속을 어긴 거란다. 우리글은 자음과 모음으로 이루어져 있단다. 굴, 꿀, 물, 불의 뜻이 다른 것은 'ㄱ, ㄲ, ㅁ, ㅂ' 자음 때문이야. '골, 굴, 길, 글'의 뜻이 다른 것은 'ㅗ, ㅜ, ㅣ, ㅡ' 모음 때문이지.

 다음을 보고, 자음은 자음끼리, 모음은 모음끼리 선으로 묶어 보세요.

ㄱ   ㅎ   ㅣ   ㅇ   ㄷ

ㅂ   ㅅ   ㅉ   ㅗ   ㅚ   ㅠ   ㅊ   ㄲ

ㅔ   ㅑ   ㅐ   ㅍ   ㅌ

★ 자음은 허파에서 나오는 공기의 흐름이 목 안 또는 입안에서 방해를 받고 나오는 소리로 '닿소리'라고도 합니다. 모음은 허파에서 나오는 공기의 흐름이 목 안 또는 입안에서 막히지 않고 나오는 소리로 '홀소리'라고도 합니다.

 다음 낱말을 [보기]처럼 각각 자음과 모음을 바꾸어 다른 낱말로 만들어 보세요.

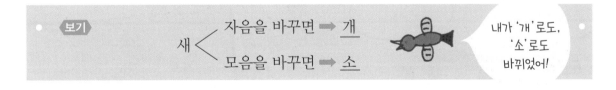

[보기]

새 ─ 자음을 바꾸면 ➡ 개
    ─ 모음을 바꾸면 ➡ 소

내가 '개'로도, '소'로도 바뀌었어!

(1) 곰 ─ 자음을 바꾸면 ➡ _____
       ─ 모음을 바꾸면 ➡ _____

(2) 박 ─ 자음을 바꾸면 ➡ _____
       ─ 모음을 바꾸면 ➡ _____

★ 자음과 모음이 바뀌는 것만으로도 전혀 뜻이 다른 글자가 됩니다. 또한, 자음은 모음 없이는 소리를 낼 수 없지만 모음은 자음 없이도 소리를 낼 수 있습니다.

정답 (1) ㄱ, ㅎ, ㅇ, ㄷ, ㅂ, ㅅ, ㅉ, ㅊ, ㄲ, ㅍ, ㅌ(한 묶음) 나머지(한 묶음) 예 (1) 솜, 감 (2) 학, 복

훈민이는 우리말의 자음과 모음들이 나오는 꿈을 꿨어요. 어떤 일이 있었는지 훈민이의 꿈속
으로 한번 들어가 볼까요?

자음과 모음

자음과 모음은 각각 이름이 있단다. 'ㄱ, ㄴ, ㄷ, ㄹ, ㅁ, ㅂ, ㅅ, ㅇ, ㅈ, ㅊ, ㅋ, ㅌ, ㅍ, ㅎ' 순서대로 각각 '기역, 니은, 디귿, 리을, 미음, 비읍, 시옷, 이응, 지읒, 치읓, 키읔, 티읕, 피읖, 히읗'이지. 자음이 겹쳐지는 쌍자음은 이름 앞에 '쌍'만 붙이면 된단다. 그리고 모음의 경우 ㅏ는 '아', ㅐ는 '애'와 같이 소리 나는 대로 이름을 붙였어.

1. 다음 자음과 모음의 이름을 찾아 줄로 이어 보세요.

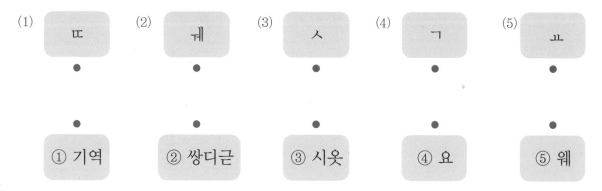

(1) ㄸ   (2) ㅖ   (3) ㅅ   (4) ㄱ   (5) ㅛ

① 기역   ② 쌍디귿   ③ 시옷   ④ 요   ⑤ 웨

★ 모음의 이름은 소리 나는 대로 붙였으며, 자음의 경우 '기역, 디귿, 시옷'을 뺀 자음 이름은 첫소리와 끝소리에 해당 자음을 넣어서 이름을 붙였습니다.

2. 다음 낱말을 보고, 보기 와 같이 낱말 속에 없는 자음이나 모음의 이름에 ×표 하세요.

보기 사탕

시옷	아	이응	티읕	~~어~~

(1) 공책

이응	오	기역	애	히읗	치읓

(2) 쌍둥이

아	이응	쌍기역	디귿	이	쌍시옷	우

★ 우리말은 (1) '모음' 하나로 이루어지거나, (2) '자음+모음'으로 이루어지거나, (3) '모음+자음'으로 이루어지거나, (4) '자음+모음+자음'으로 이루어집니다.

훈민이는 자음과 모음에 대해 좀 더 많이 알고 싶었어요. 그래서 정음이와 함께 박물관에 가게 되었답니다. 훈민이와 정음이가 박물관에서 무엇을 보고, 자음과 모음에 대해 더 알게 되었을지 살펴보세요.

　　우리나라의 말이 중국과 달라 문자가 서로 맞지 아니한다. 이런 이유로 어리석은 백성이 말하고자 하는 바가 있어도 마침내 제 뜻을 펴지 못하는 이가 많더라.

　　내 이것을 가엾게 여겨 새로 28자를 만들었으니 사람들로 하여금 쉽게 익혀 날마다 쓰기 편하게 하고자 할 따름이다. (중략)

　　훈민정음 28자는 각각 그 모양을 본떠서 만들었다. 초성은 모두 17자다. ㄱ은 '혀뿌리가 목구멍을 막는 모양'을 본뜨고, ㄴ은 '혀가 윗잇몸에 붙는 모양'을 본뜨고, ㅁ은 '입 모양'을 본뜨고, ㅅ은 '이 모양'을 본뜨고, ㅇ은 '목구멍의 모양'을 본뜬 것이다. (중략)

　　중성은 모두 11자이다. 'ㆍ'는 혀가 오그라져 소리가 깊으니 맨 먼저 만들어졌다. 둥근 모양은 하늘을 본떴다. 'ㅡ'는 혀가 조금 오그라져 소리가 깊지도 얕지도 않으며 땅을 본뜬 것으로, 두 번째로 만들어졌다. 'ㅣ'는 혀가 오그라지지 않아 소리가 얕으며 일어선 모양을 한 것은 사람을 본떴다. 세 번째로 생겼다.

　－ 훈민정음 해례본을 한글로 바꾼 것

자음과 모음

우리 글자 중 처음 소리(초성)와 마지막 소리(종성)에 쓰이는 자음은 소리가 나는 발음 기관의 모양을 본떠서 만들어진 것이란다. 입과 혀의 모양 등을 잘 보면 자음을 떠올릴 수 있지. 반면 중간 소리(중성)에 사용되는 모음은 하늘(·), 땅(ㅡ), 사람(ㅣ)의 모양을 본뜬 것이야. 예를 들어, 땅 위에 하늘이 있으면 'ㅗ(·+ㅡ)'라는 모음이 된단다.

1. 다음 그림은 자음이 소리날 때의 발음 기관의 모습을 그린 것입니다. 알맞은 자음을 빈칸에 써 보세요.

(1) 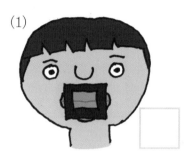　(2) 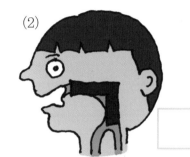　(3)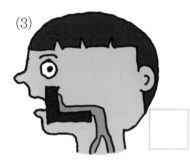

★자음은 발음 기관의 모양을 본뜬 후에, 여기에 획수가 더해져서 만들어졌습니다.

2. 다음에서 설명하는 글자를 보기와 같이 빈칸에 써 보세요.

> 보기 '혀뿌리가 목구멍을 막는 모양'을 본뜬 자음 + '혀가 오그라지지 않아 소리가 얕으며 일어선 모양'을 한 모음
>
> ➡ (ㄱ) + (ㅣ) = (기)

(1) '입 모양'을 본뜬 자음 + '혀가 조금 오그라져 소리가 깊지도 얕지도 않으며 땅을 본뜬 모양'을 한 모음

　➡ (　　) + (　　) = (　　)

(2) '혀가 윗잇몸에 붙는 모양'을 본뜬 자음 + '혀가 오그라지지 않아 소리가 얕으며 일어선 모양'을 한 모음

　➡ (　　) + (　　) = (　　)

★모음은 하늘(·), 땅(ㅡ), 사람(ㅣ)의 모양을 본뜬 것으로, 하늘은 둥글고 땅은 평평한 모양으로 표현되었습니다.

잡았다! 글쓰기

[1~2] 다음은 자음과 모음에 관련된 속담입니다. 다음 문제를 풀어 보세요.

- 낫 놓고 ㉠기역 자도 모른다.

- ㉡아 해 다르고 ㉢어 해 다르다.

1. ㉠~㉢의 자음과 모음의 이름에 해당하는 자음자와 모음자를 각각 써 넣으세요.

(1) ㉠기역 ➡ [   ]   (2) ㉡아 ➡ [   ]

(3) ㉢어 ➡ [   ]

★'낫 놓고 기역 자도 모른다.'는 기역 자 모양으로 생긴 낫을 보면서도 기역 자를 모른다는 뜻으로, 아주 무식함을 비유적으로 이르는 속담입니다. '아 해 다르고 어 해 다르다.'는 같은 내용의 이야기라도 이렇게 말하여 다르고 저렇게 말하여 다르다는 뜻의 속담입니다.

2. 이 속담을 이용하여 다른 자음과 모음이 들어간 속담으로 바꾸어 써 보세요.

(1) 낫 놓고 기역 자도 모른다. ➡ (   ).

(2) 아 해 다르고 어 해 다르다. ➡ (   ).

★자음자와 모양이 비슷한 대상을 찾고, 모음의 소리가 서로 비슷한 다른 모음을 찾아서 바꾸어 봅니다.

3. 한글을 모르는 외국인 친구들에게 한글을 소개하려고 합니다. 〈보기〉에 있는 낱말을 이용하여 한글을 소개하는 글을 완성해 보세요.

> 보기 세종 대왕 / 훈민정음 / 백성을 가르치는 바른 소리 / 1443 / 1446
> 발음 기관 / 백성 / 17 / 11 / 세계 기록 유산 / 하늘 / 땅 / 사람

한글은 조선 시대 (　　　　　)이 집현전 학사들과 함께 (　　　)년에 만들고, (　　　)년에 반포한 우리나라의 글자야.

한글의 처음 이름은 '(　　　)'이었는데, '(　　　　　)'라는 뜻이야. 이 이름에는 중국말이 매우 어려워서 (　　　)들이 자유롭게 제 뜻을 표현하지 못하는 것을 불쌍하게 여긴 세종 대왕의 마음이 담겨 있어. 그리고 이 글자를 쉽게 익혀서 편하게 쓰게 하고자 한 세종 대왕의 의도가 담겨 있어. 훈민정음은 (　)개의 자음과 (　)개의 모음으로 이루어진 독창적이고 과학적인 문자야.

자음은 (　　　　)을 본떠서 기본 글자를 만들고, 그것에 획을 더하여 다른 글자를 만들었어. 그리고 모음은 (　　　　)의 둥근 모양과 (　　　)의 평평한 모양과 (　　　)이 서 있는 모양을 본떠 기본 글자를 만들고, 그 글자에 획을 더하여 나머지 모음을 만들었어. 이와 같은 한글의 독창성과 체계성이 세계적으로 인정받아 유네스코 (　　　　　)으로 지정되었단다.

선생님 말씀

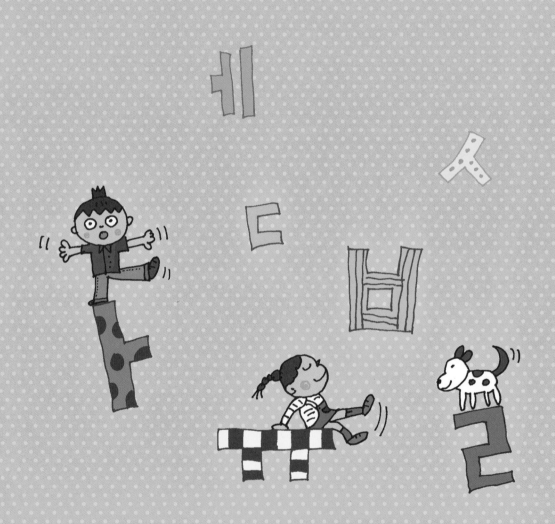

2주

이상한 나라의 모음과 받침

이중모음과 겹받침

공부한 날:　　월　　일

훈민이는 안중근 위인전을 읽고 일기를 열심히 썼어요. 그런데 선생님께서 다시 한 번 써 보라고 하셨지요. 훈민이는 선생님이 왜 그러신 건지 아무리 생각해도 알 수가 없었어요. 함께 생각해 보세요.

월 일 요일   날씨:

제목: 안중근 의사의 갑진 죽음!

오늘 안중근 이사의 위인전을 읽었다.

일제에 의해 나라가 고통 받고 있는 때에 자신의 목숨을 걸고

독립운동을 한 안중근 이사.

그의 죽음이 너무나 갑지고 대단해 보였다.

솔직히 나는 안중근 이사처럼 목숨을 바칠 자신은 업지만,

나도 다른 사람을 위해 양보하고 살아야겠다는 생각은 했다.

☆ 훈민아, 밑줄 친 부분을 한 번 더 읽어 보고
맞게 썼는지 생각해 보면 좋겠어요.

잘 생각해 봐!

밑줄 친 부분이 왜 잘못되었다는 거지?

이중모음과 겹받침

훈민이의 일기를 보니 잘못 쓰인 글자가 있구나.' '안중근 이사'는 '안중근 의사'로, '갑지고'는 '값지고'로, '업지만'은 '없지만'으로 써야 맞단다.
이 때 '의사'의 '의'는 이중모음으로 입술 모양이나 혀의 위치를 처음과 나중이 서로 달라지게 하여 내는 모음이고, '값지고', '없지만'에서 'ㅄ'은 겹받침으로 서로 다른 두 개의 자음으로 이루어진 받침을 말하지.

 다음 문장을 보고, ( ) 안에 알맞은 낱말을 찾아 ○표 하세요.

(1) 안중근 (　　　)는 독립운동가이다. ➡

이사	의사	으사

(2) 우리 집은 다음 달에 (　　　)를 간다. ➡

이사	의사	으사

★ 이중모음은 모음에 속하며, 'ㅑ', 'ㅕ', 'ㅛ', 'ㅠ', 'ㅐ', 'ㅖ', 'ㅘ', 'ㅙ', 'ㅝ', 'ㅞ', 'ㅢ' 따위가 있습니다. '의사'는 병을 고치는 것을 직업으로 하는 사람 또는 의로운 지사를 가리키는 말이고, '이사'는 사는 곳을 다른 데로 옮긴다는 뜻이 있습니다.

 다음 문장의 밑줄 친 낱말을 바르게 고쳐 써 보세요.

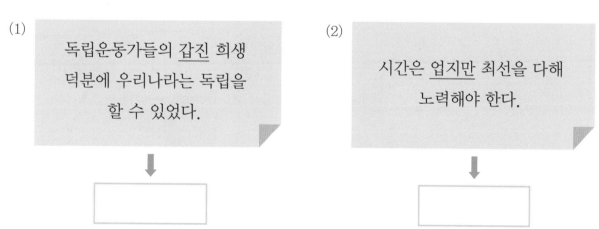

(1)
독립운동가들의 <u>갑진</u> 희생 덕분에 우리나라는 독립을 할 수 있었다.

(2)
시간은 <u>업지만</u> 최선을 다해 노력해야 한다.

★ 겹받침은 'ㄳ', 'ㄵ', 'ㄺ', 'ㄻ', 'ㄼ', 'ㄾ', 'ㅄ' 따위가 있습니다. '값지다'는 물건 따위가 값이 많이 나갈 만한 가치가 있거나 큰 보람이나 의의 따위가 있을 때 쓰는 말이고, '없다'는 실제로 존재하지 않는 상태를 가리키는 말입니다.

정답 ⬟ (1) 의사 (2) 이사　⬟ (1) 값진 (2) 없지만

훈민이네 반은 체험 학습으로 미술관에 왔어요. 세종 대왕이 그림을 잘 관찰하면서 그림에서 문제에 알맞은 낱말을 찾으면 선물을 준다고 하셨지요. 모네의 〈생 타드레스의 테라스〉를 보며 함께 낱말을 찾아보세요.

모네, 〈생 타드레스의 테라스〉

낱말 속의 이중모음 찾기

이중모음이 들어 있는 낱말은 많이 있단다. '얼룩무늬 문이 열렸다.'에서처럼 발음이 같더라도 단모음인 '문이'와 이중모음인 '무늬'는 뜻이 다르지. 따라서 이중모음을 잘 구별해서 써야 한단다.

1. 다음 문제에 알맞은 낱말을 그림에서 찾아 빈칸에 쓰세요.

(1)

'이것'은 사람이 걸터앉는 데 쓰는 물건입니다. '이것'은 무엇일까요?

(2)

'이것'은 눈이나 우유의 빛깔과 같이 밝고 선명한 색입니다. '이것'은 무슨 색일까요?

(3)

'이것'은 옷감 따위를 장식하기 위한 여러 가지 모양을 말합니다. '이것'은 무엇일까요?

★ '의'는 이중모음으로, 우리말에서 많이 쓰이는 글자입니다. '의사', '의견'과 같이 낱말의 앞부분에 올 때도 있고, '주의', '회의'와 같이 낱말의 뒷부분에 올 때도 있지요. 또는 '무늬', '흰색'처럼 자음과 함께 쓰일 때도 있습니다.

2. 다음 문장을 보고, 밑줄 친 낱말을 소리나는 대로 써 보세요.

(1)

교실에는 책상과 <u>의자</u>가 가지런히 놓여 있다.

(2)

짜장면을 먹다가 <u>흰색</u> 옷에 음식물이 묻었다.

(3)

얼룩말의 <u>무늬</u>는 얼룩말이 천적들의 눈에 띄지 않게 보호해 준다.

★ '의'는 이중모음인데 '의자'와 같이 첫 음절에 올 때에는 [의]라고 소리나고, '무늬'처럼 첫 음절이 아닌 경우에는 [이]라고 소리납니다. 또한 '흰색'처럼 자음 바로 다음에 올 때에는 [이]로 소리납니다.

훈민이는 정음이와 함께 〈행복한 왕자〉라는 책을 보고 있었어요. 그런데 책 속에 잘못 쓰인 낱말이 있었지요. 이 낱말들이 어떻게 바뀌어야 하는지 생각하면서 읽어 보세요.

도시 한가운데에 행복한 왕자 동상이 있었어요.

제비 한 마리가 주변을 맴돌다가 왕자의 발 밑에 안잤어요.

잠시 후 제비 머리에 물 한 방울이 똑 떨어졌어요.

"앗, 차가워! 비가 오나 봐!"

제비가 깜짝 놀라 날개를 퍼득거리는 순간, 또 한 방울이 떨어졌어요.

제비는 다른 곳으로 몸을 피하려고 동상 위로 올라갔어요.

그때였어요.

제비는 행복한 왕자가 슬프게 눈물을 흘리는 것을 보았어요.

"다, 당신은 누구세요?"

"사람들은 나를 '행복한 왕자'라고 부른단다."

"행복한 왕자라면서 왜 그렇게 눈물을 흘리세요?"

"내가 살아 있을 때에는 성에 살면서 걱정과 근심이 업섰어.

그래서 사람들이 '행복한 왕자'라고 하여

동상도 세워 주었지."

낱말 속에서 겹받침 찾기
우리말에는 자음이 2개 겹치는 겹받침이 들어 있는 낱말이 많이 있지. '닭', '넓다', '읽기'처럼 말이야. 겹받침은 읽을 때 나는 소리와 쓸 때 글자의 모양이 다르기 때문에 주의해서 써야 한단다.

1. 다음 문장의 ⑴ (   ) 안에 알맞은 낱말에 ○표 하고, ⑵ 그 낱말을 넣어 짧은 글짓기를 해 보세요.

⑴ 제비 한 마리가 주변을 맴돌다가 왕자의 발 밑에 (안았어요, 앉았어요).

⑵ ➡
_____

★'안다'는 두 팔을 벌려 가슴 쪽으로 끌어당기거나 그렇게 하여 품 안에 있게 하다는 뜻이고, '앉다'는 사람이나 동물이 윗몸을 바로 한 상태에서 엉덩이에 몸무게를 실어 다른 물건이나 바닥에 몸을 올려놓는다는 뜻입니다.

2. 이 글에 나온 다음 문장을 길을 따라 가며 바르게 써 보세요.

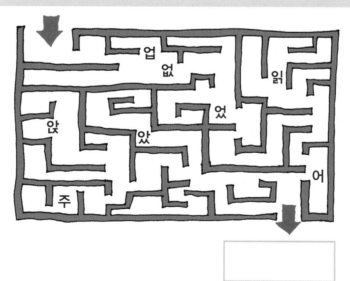

"내가 살아 있을 때에는 성에 살면서 걱정과 근심이 (   )."

★'없다'는 사람이나 동물 등이 실제로 존재하지 않는 것을 뜻하며, '업다'는 사람이나 동물 따위를 등에 대고 손으로 붙잡거나 무엇으로 동여매어 붙어 있게 하다는 뜻입니다.

[1~2] 다음은 〈행복한 왕자〉의 한 장면입니다. 다음 글을 읽고 물음에 답하세요.

> "그 소녀는 아파도 돈이 없어서 의사 선생님께도 못 가고, 약도
> 먹을 수 없단다. 내 몸의 황금을 벗겨서 소녀에게 가져다 주겠니?"
> 행복한 왕자는 제비에게 간곡히 부탁했어요.
> 제비는 왕자의 값진 희생에 저절로 고개가 숙여졌답니다.

1. 이 글에 쓰인 다음 낱말 중 '이중모음'이 들어가지 않은 것에 ×표 하세요.

소녀	의사	약	황금	선생님

★이중모음은 'ㅑ', 'ㅕ', 'ㅛ', 'ㅠ', 'ㅒ', 'ㅖ', 'ㅘ', 'ㅙ', 'ㅝ', 'ㅞ', 'ㅢ' 따위가 있습니다. 낱말을 잘 보고 이중모음이 들어간 낱말을 찾습니다.

2. 다음은 이 글에 나온 낱말입니다. '겹받침'이 들어간 낱말을 모두 찾아 ○표 하세요.

소녀	돈	없다	의사	선생님	약
먹다	몸	황금	주다	행복	왕자
제비	부탁	값지다	희생	고개	숙이다

★겹받침은 'ㄳ', 'ㄵ', 'ㄼ', 'ㄻ', 'ㄿ', 'ㄾ', 'ㅄ' 따위입니다. 낱말을 잘 보고 겹받침이 들어간 것을 찾습니다.

3. 〈행복한 왕자〉를 읽고 독서 감상문을 쓰려고 합니다. 보기 의 이중모음이 든 낱말과 겹받침이 든 낱말을 이용하여 써 보세요.

보기 희생 / 앉다 / 왕자 / 없다 / 황금 / 약 / 소녀

독 서 록

• 제목: _____   • 출판사: _____
• 지은이: _____

★ 독서 감상문은 책을 읽고 생각이나 느낌을 쓴 글입니다. 중심 내용에 대한 자신의 생각이나 느낌을 자세하게 써 봅니다.

선생님 말씀

교과
연계

문 법	발음이 같은 말, 뜻이 비슷한 말
제 재	포스터(실용 자료), 〈빨간 모자〉(명작 동화)
글쓰기	뜻이 비슷한 말을 넣어 광고 만들기
교과 연계	5학년 1학기 1단원, 5단원

3주

비슷하거나 혹은 다르거나

발음이 같은 말, 뜻이 비슷한 말

공부한 날:　　월　　일

훈민이와 정음이가 연에 비슷한 말을 각자 적어서 연날리기를 하기로 했어요. 훈민이는 네모 난 방패연에, 정음이는 꼬불꼬불한 꼬리연에 글자를 적었지요. 그런데 서로 티격태격하게 되었어요. 왜 그랬을지 생각해 보세요.

발음이 같은 말, 뜻이 비슷한 말

하하. 둘 사이에 의사소통이 잘 안 되었구나! 우리말에는 발음이 같은 말이 있는가 하면 뜻이 비슷한 말이 있단다.
'다치다–닫히다'와 같이 발음은 같지만 서로 뜻이 다른 말이 있지. 이 같은 낱말은 구별하여 쓰지 않으면 의미를 제대로 전달할 수 없어. 반면에 '맵다, 매콤하다, 얼큰하다'와 같이 뜻이 비슷한 말은 의미가 비슷하면서도 다르기 때문에 뜻을 구별해서 써야 하는 경우도 있단다.

 다음은 이 이야기에 나온 발음이 같은 낱말의 뜻을 설명하는 것입니다. 알맞은 낱말에 ○표 하세요.

(1) (박, 밖): 어떤 선이나 금을 넘어선 쪽.

(2) (박, 밖): 박과의 한해살이 덩굴풀.

(3) (띠다, 띄다): 용무나, 직책, 사명 따위를 지니다.

(4) (띠다, 띄다): '눈에 보이다.'의 뜻인 '뜨이다'의 준말.

(5) (다치다, 닫히다): 부딪치거나 맞거나 하여 신체에 상처를 입다.

(6) (다치다, 닫히다): 서랍 따위를 도로 제자리로 가게 하여 막히다.

(7) (드러내다, 들어내다): 물건을 들어서 밖으로 옮기다.

(8) (드러내다, 들어내다): '가려 있거나 보이지 않던 것이 보이게 되다.'의 사동형.

 다음은 이 이야기에 나온 뜻이 비슷한 말입니다. ①～③의 문장에 들어갈 알맞은 낱말을 찾아 줄로 이어 보세요.

(1) 가꾸다　●　　　　● ① 할머니가 고추를 _____.

(2) 보살피다　●　　　● ② 어머니가 아기를 _____.

(3) 키우다　●　　　　● ③ 이모가 꽃밭을 _____.

★ '가꾸다'는 식물을 손질할 때, '보살피다'는 생물을 정성으로 보호하고 살필 때, '키우다'는 생물의 길이 등을 보통 이상이 넘게 할 때 쓰입니다.

훈민이와 정음이는 발음이 같거나 뜻이 비슷한 낱말을 주변에서 찾기로 했어요. 마을 곳곳을
돌면서 이 말들로 재미있는 일들을 만들 계획을 세울 때 재활용 쓰레기장 앞에 세종 대왕이
있었어요. 어떻게 되었을지 살펴보세요.

발음이 같은 말과 동형어 차이

발음이 같은 말은 글자가 다른데 발음이 같은 말로 뜻도 전혀 다른 말이야.
반면 동형어는 발음, 글자는 같은데 뜻이 전혀 다른 말이야.
예를 들어, '버리다'와 '벌이다'는 [버리다]로 똑같이 발음되지만 뜻은 전혀 달라.
반면에 '배'는 발음과 글자가 같지만 뜻은 '신체의 일부분', '과일의 일종'으로,
뜻을 구별하여 써야 해!

1. 다음은 이 글에 나온 '발음이 같은 말'을 구별하여 쓴 것입니다. 보기와 같이 다음 문장에 알맞은 발음이 같은 말을 찾아 써 넣으세요.

보기 함부로 버리면 쓰레기.
　　　제대로 벌이면 보물!
　　　　　　　　　　　　　(벌이다 / 버리다)

(1) 엄마가 김치를 ＿＿＿＿＿＿＿.
　　무릎 꿇은 다리가 ＿＿＿＿＿＿＿.
　　　　　　　　　　　　　(절이다 / 저리다)

(2) 날이 훤하게 ＿＿＿＿＿＿＿.
　　손가락으로 숫자를 ＿＿＿＿＿＿＿.
　　　　　　　　　　　　　(새다 / 세다)

★ '절이다'는 푸성귀나 생선 따위에 소금기나 식초, 설탕 따위가 배어 들다는 뜻이고, '저리다'는 뼈마디나 몸의 일부가 오래 눌려서 피가 잘 통하지 못하여 감각이 둔하고 아리다는 뜻입니다. '새다'는 기체, 액체 따위가 틈이나 구멍으로 조금씩 빠져 나가거나 나오다는 뜻이고, '세다'는 사물의 수효를 헤아리거나 꼽다 등의 뜻입니다.

2. 다음 밑줄 친 '동형어'의 알맞은 뜻의 번호를 (　　) 안에 써 넣으세요.

(1)
배에서 꼬르륵 신호가 오다. (　　)
① 과일의 일종　② 신체의 일부분

배가 가방에 있다. (　　)
① 과일의 일종　② 신체의 일부분

(2)
다리에 포스터를 걸다. (　　)
① 신체의 일부분　② 건축물의 종류

다리를 뻗다. (　　)
① 신체의 일부분　② 건축물의 종류

★ '배'와 '다리'는 발음과 글자는 같으나 뜻이 다른 낱말이므로 구별하여 써야 합니다.

훈민이는 낯선 이를 경계하라는 교훈을 담고 있는 〈빨간 모자〉라는 명작 동화를 읽었어요. 발음이 같은 말과 뜻이 비슷한 낱말에 유의하면서 글을 읽어 보세요.

옛날에 '빨간 모자'라고 불리는 작은 아이가 살았어요.

햇볕 따뜻한 어느 날 빨간 모자의 어머니가 말씀하셨어요.

"빨간 모자야, 할머니가 편찮으시다는구나!

저 산 너머 할머니께 이 음식을 가져다 줄 수 있겠니?"

"그럼요, 제가 용감하게 다녀올게요."

"그래, 조심해서 다녀 오거라. 한눈 팔지 말고."

빨간 모자는 할머니께 음식을 빨리 가져다

드리고 싶었어요.

그래서 빠른 걸음으로 산을 넘어 갔지요.

"헉헉, 해지기 전까지 시간을 맞추어 오려면 서둘러야겠는걸?"

그때 험상궂은 늑대 한 마리가 침을 흘리며 다가왔어요.

"애야, 어디를 가고 있니?"

늑대는 빨간 모자를 해칠 마음을 숨긴 채 사람들의 눈을 피해 친절한 척했지요.

순진한 빨간 모자는 늑대에게 할머니 집을 가르쳐 주고 말았어요.

늑대는 지름길을 달려서 먼저 할머니 집에 도착했어요.

그리고는 빨간 모자 행세를 하며 할머니를 단숨에 삼켰지요.

"음, 할머니만으로는 양이 적은걸! 빨간 모자가 올 때가 됐는데?"

늑대는 할머니로 분장하고 침대에 누워 빨간 모자를 기다렸어요.

마침내 빨간 모자가 도착하자 늑대는 빨간 모자를 잡아먹으려 했어요.

빨간 모자는 정신을 차리고 간신히 목숨을 구하고,

할머니도 다행히 구했지요.

할머니 집 창문으로 다시 햇빛이 비쳤습니다.

뜻이 비슷하면서도 다른 낱말 구별하기

뜻이 비슷하거나 다른 낱말을 잘 구별하려면 이렇게 해 봐!
1. 낱말이 문장 안에서 어떻게 서로 다른 뜻으로 쓰이는지 알아봅니다.
2. 낱말의 정도, 느낌, 빈도 등이 어떻게 다른지 알아봅니다.

1. 보기 와 같이 다음 문장에 알맞은 '뜻이 비슷하거나 다른 낱말'을 골라 ○표 하세요.

> 보기   (적은, (작은)) 아이가 살았어요.

(1) (햇볕, 햇빛) 따뜻한 날에 운동회가 열렸어요.

(2) 운동장의 (너비, 넓이)가 넓다.

★ '햇볕'은 해가 내리쬐는 뜨거운 기운을, '햇빛'은 '해의 빛'을 뜻합니다. '너비'는 옷감, 종이의 폭을 뜻하고, '넓이'는 넓은 정도, 면적을 뜻합니다.

2. 다음 낱말을 넣어 짧은 글을 지어 보세요.

> 보기   맞추다: 빨간 모자는 시간을 <u>맞추어</u> 돌아오려고 했다.

(1) 맞히다: _____

(2) 부수다: _____

(3) 부시다: _____

★ '맞히다'는 문제 따위를 풀어서 맞다는 뜻입니다. '부수다'는 건물 따위를 인위적인 힘으로 파괴하다는 뜻이고, '부시다'는 그릇 따위를 씻어 깨끗하게 하다는 뜻입니다.

1. 다음 빈칸에 알맞은 말을 보기 에서 찾아 써 넣으세요.

보기 껍질 / 껍데기 / 가늠하다 / 가름하다

(1)

동생이 조개 _____로 목걸이를 만들다.

(2)

양파는 까도 까도 _____이 나온다.

(3)

선생님의 연세를 _____.

(4)

실력이 승부를 _____.

★ '껍데기'는 달걀이나 조개 따위의 겉을 싸고 있는 단단한 물질을, '껍질'은 껍질 물체의 겉을 싸고 있는 단단하지 않은 물질을 뜻합니다. '가늠하다'는 목표나 기준에 맞고 안 맞음을 헤아려 보다를, '가름하다'는 쪼개거나 나누어 따로따로 되게 하다 또는 승부 따위를 정하다는 뜻으로 각각 쓰입니다.

2. 다음 낱말을 넣어 짧은 글짓기를 해 보세요.

(1)

다치다

(2)

닫히다

_____   _____

3. 다음은 뜻이 비슷하면서도 다른 낱말인 '껍질'과 '껍데기'입니다. 이 낱말을 이용하여 '나'를 소개하는 광고를 만들어 보세요.

★ 먼저 '나'에 대해 소개하고 싶은 것을 정한 뒤 그림들을 어떻게 이용할지 생각해 보세요. 나의 모습 중에서 껍데기(딱딱한 것)와 껍질(딱딱하지 않은 것)이 무엇이 있는지 생각한 뒤 광고 문구를 만들어 봅니다. 보조 문구와 그림도 표현해 봅니다.

선생님 말씀

문 법	수량의 단위를 나타내는 말
제 재	〈이삭 줍는 여인들〉(명화), 〈너덧이 뭐야!〉(창작 동화)
글쓰기	수량의 단위를 나타내는 말을 생각하며 동시 쓰기
교과 연계	4학년 2학기 9단원

교과
연계

4주

볍씨 한 톨, 말 한 필

수량의 단위를 나타내는 말

공부한 날: 월   일

훈민이와 정음이가 함께 떡볶이를 만들었어요. 떡볶이 요리라면 자신 있던 훈민이는 재료를
대충 넣으려 하고 정음이는 요리법대로 하려고 했지요. 어떻게 되었을지 살펴보세요.

요리는 감각이라고!
물에 고추장을 넣어 색깔을
보면 간을 알 수 있어.

재료: 떡볶이 떡 200그램 어묵 1장
      대파 1대   양배추 1/4포기
      밑국물 물 2컵   다시마 1장
양념: 설탕 1큰술   간장 1큰술
      고추장 2큰술   올리고당 1큰술
      다진 마늘 1작은술   고춧가루 2큰술

[요리법]

1. 다시마를 끓여서 밑국물을 낸다.
2. 채소를 0.5센티미터 정도로 썰고 모두 버무려 놓는다.
3. 떡볶이와 어묵을 살짝 데쳐서, 밑국물과 양념장을 끓인 물에 넣는다.
4. 국물이 1/3 정도로 졸면 준비한 채소를 넣고 3분간 더 끓인다.
5. 파를 넣고 잠시 후 불을 끈다.

야, 요리법대로 해야지!
적당한 분량대로 하지
않으면 맛이 짜거나
싱겁게 된다고!

수량의 단위를 나타내는 말

함께 요리하는 모습이 보기 좋구나! 요리법을 보면 음식에 들어가는 재료를 수량의 단위로 표시하고 있어. '한 큰술'처럼 수량의 단위는 대상과 짝꿍처럼 따라 다니는데, 각각 가리키는 크기와 양이 다르단다. 그러므로 수량의 단위를 나타내는 말을 잘 알아야 정확하게 의사소통을 할 수 있지.

 다음은 이 이야기에 나온 재료와 수량의 단위를 나타내는 말을 늘어놓은 것입니다. 관련 있는 것끼리 줄로 이어 보세요.

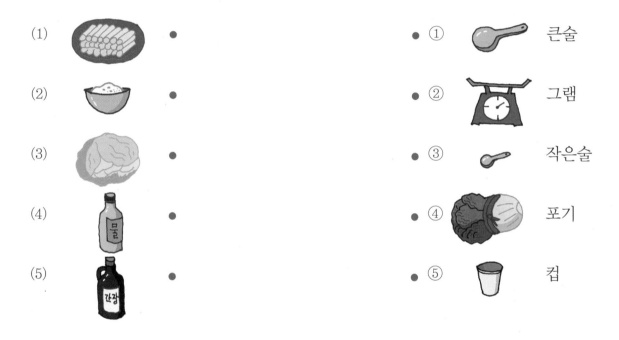

 다음 문장에 알맞은 수량의 단위를 나타내는 말에 ○표 하세요.

(1) 할머니가 달걀 한 (꾸러미, 타래)로 전을 부치셨다.

(2) 아빠가 삼촌에게 옷 한 (벌, 켤레)(을)를 사 주셨다.

(3) 엄마가 열무 한 (단, 손)으로 김치를 담그셨다.

(4) 이 부두에 배가 여덟 (척, 개)(이)가 머물고 있다.

훈민이와 정음이는 주변을 돌아보면서 대상에 알맞은 수량의 단위를 나타내는 말을 말해 보았어요. 그런데 추수가 끝난 들판에서 이삭을 줍는 밀레의 〈이삭 줍는 여인들〉이라는 그림을 보았어요. 이 그림에서 무엇을 발견하였을지 살펴보세요.

수량의 단위를 나타내는 말

수량의 단위를 나타내는 말에는 다음과 같은 것이 있어!
1. 의생활과 관련된 것: 옷 한 벌, 신발 한 켤레, 털실 한 타래, 무명 한 필
2. 식생활과 관련된 것: 벼 한 톨, 열무 한 단, 고등어 한 손, 배추 한 포기
3. 주생활과 관련된 것: 집 한 채, 방 한 칸, 아파트 한 동
4. 기타: 책 한 권, 시 한 편, 종이 한 장, 연필 한 자루, 차 한 대, 배 한 척

1. 다음은 이 글에 나온 수량의 단위를 나타내는 말입니다. 이와 비슷한 대상에 사용되는 수량의 단위를 나타내는 낱말은 무엇인지 보기 에서 찾아 써 보세요.

> 보기 타래 / 동 / 마리 / 알 / 그릇

(1) 밥 한 <u>공기</u> ➡ 비빔밥 한 _____

(2) 이삭 한 <u>톨</u> ➡ 콩 한 _____

(3) 무명 한 <u>필</u> ➡ 털실 한 _____

(4) 집 여러 <u>채</u> ➡ 아파트 여러 _____

(5) 말 한 <u>필</u> ➡ 생선 한 _____

★ 의생활, 식생활, 주생활, 문화생활과 관련된 대상에 알맞은 수량의 단위를 나타내는 말 중에서 특별히 익혀야 하는 것들을 익혀 둡니다.

2. 〈이삭 줍는 여인들〉 그림에 나온 수량의 단위를 나타내는 말을 써 보세요.

| 노적가리_____ | 이삭 _____ | 집 _____ | 말 _____ |

★ 그림에 나온 대상과 수량을 본 뒤 수량의 단위를 나타내는 말을 써 봅니다.

훈민이는 수량의 단위를 나타내는 말을 알 것 같았어요. 그런데 할머니가 심부름을 시키시는 바람에 혼란스러워졌지요. 왜 그랬는지 살펴보세요.

"아, 이제 수량의 단위를 나타내는 말은 자신 있어!"

훈민이는 뿌듯해하며 텔레비전을 켜고, 〈마법 훈민정음〉이라는 만화를 보았지요.

그때 할머니께서 다급하게 말씀하셨지요.

"아이고, 어쩔까? 오늘 저녁 삼겹살을 구워 먹으려는데 상추가 떨어져 버렸구먼.

훈민아, 네가 요 앞마당에 나가서 상추 너덧 동하고 대파 한두 뿌리만 뽑아 오련?"

"할머니, 하나면 하나지 한두는 뭐고 너덧은 또 뭐예요?"

훈민이는 또박또박 물어보았지만 할머니께서는 대답 없이 손짓만 하셨지요.

"상추 너덧 동, 대파 한두 뿌리……."

훈민이는 할머니께서 가꾼 밭에서 알차게 자란 상추 다섯 장을 따고

파 하나를 뽑아서 할머니께 가져다 드렸지요.

"애개, 이걸로 온 가족이 어떻게 삼겹살을 싸 먹겠냐?"

할머니는 어이없다는 듯 피식 웃으시자 훈민이는 약이 올랐어요.

"할머니께서 네 개 아니면 다섯 개 가져오라고 하셨잖아요?"

"상추 한 동은 줄기가 묶인 한 묶음을 말하는 거여!

그리고 대파도 뿌리째 뽑아 와야지."

훈민이는 그제야 할머니께서 하신 말씀을 알아들었지만, 왜 수량을

어림잡아 말씀하시는지 이해할 수 없었지요.

그래도 그날 저녁 훈민이네 가족은 맛있게 삼겹살 파티를

했답니다.

수량의 단위를 나타내는 말과
어울려 쓰는 어림수

수량의 단위를 나타내는 말과 어림수가 함께 쓰이는 경우도 있단다.
1. '켤레, 짝, 손' 등의 수량을 나타내는 말 앞에 어림잡은 수를 쓰는 경우입니다.
2. 어림수를 나타내는 말을 알아두면 편리합니다.

1. 다음 문장의 (   ) 안에 들어갈 알맞은 수량의 단위를 나타내는 말을 [보기]에서 찾아 써 보세요.

| [보기] 자밤 / 접 / 손 / 뿌리 / 동 |

(1) 훈민이는 대파 한 (   )(을)를 뽑았다.

(2) 훈민이는 상추 다섯 (   )(을)를 다시 가져왔다.

(3) 어머니는 김치에 소금 한 (   )(을)를 뿌려 넣었다.

(4) 할머니는 마늘 한 (   )(을)를 모두 까셨다.

(5) 아버지는 퇴근길에 고등어 한 (   )(을)를 사오셨다.

★ 각 대상과 어울려 쓰는 수량의 단위 나타내는 말을 써 넣어 봅니다.

2. 다음 수량의 단위를 나타내는 말 앞에 어울려 쓰는 어림수를 빈칸에 써 넣으세요.

1~2	2~3	3~4	4~5	5~6	6~7
한두			너덧		

★ 하나(한), 둘(두), 서(세), 너(네), 다섯, 여섯, 일곱, 여덟이 합해져서 이루어진 말들입니다.

1. 다음은 〈나란히 나란히〉라는 동요의 노랫말입니다. 잘 읽고 물음에 답하세요.

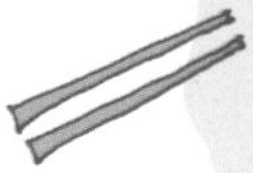

나란히 나란히

나란히 나란히 나란히 밥상 위에 젓가락이

나란히 나란히 나란히 댓돌 위에 신발들이

나란히 나란히 나란히 짐수레에 바퀴들이

나란히 나란히 나란히 학교 길에 동무들이

나란히 나란히 나란히

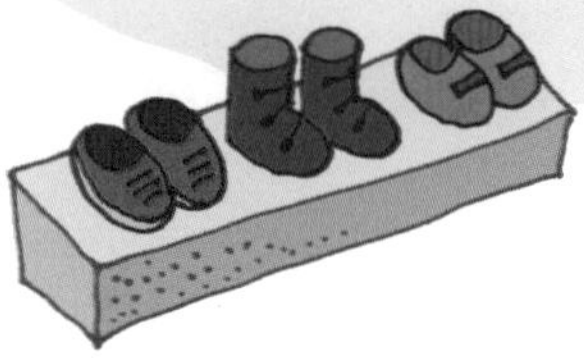

(1) 이 글에 나오는 대상의 한 쌍은 각각 몇 개인지 빈칸에 알맞은 말을 써 넣으세요.

밥상 위에 젓가락 한 쌍은 ➡ ☐ 개

댓돌 위에 신발 한 쌍은 ➡ ☐ 개

짐수레에 바퀴들의 한 쌍은 ➡ ☐ 개

★대상을 완성하는 한 묶음은 각각 다릅니다. 젓가락과 신발은 한 짝, 두 짝이 모여 한 쌍을 이루고, 수레나 차량의 바퀴는 4면에 붙어 있을 때 균형을 이룹니다.

(2) 이 글에 나오는 대상 말고 나란히 있는 대상을 생각나는 대로 써 보세요.

(3) (2)가 나란히 있는 장소나 위치가 어디인지 ( ) 안에 각각 써 보세요.

(⠀⠀⠀⠀⠀)에 (⠀⠀⠀⠀⠀)가 나란히 있다.

2. 수량의 단위를 나타내는 말을 생각하면서 다음 노랫말을 바꾸어서 빈칸에 써 보세요.

나란히 나란히

나란히 나란히 나란히 밥상 위에 젓가락이
나란히 나란히 나란히 댓돌 위에 신발들이
나란히 나란히 나란히 짐수레에 바퀴들이
나란히 나란히 나란히 학교 길에 동무들이
나란히 나란히 나란히

나란히 나란히

나란히 나란히 나란히 [   ]

나란히 나란히 나란히 [   ]

나란히 나란히 나란히 [   ]

나란히 나란히 나란히 [   ]

★ 두 개 이상이 쌍을 이루는 대상을 찾아봅니다. 그 뒤 원래 노랫말과 같이 대상이 있는 장소나 위치를 찾고 '–에', '–이'를 넣어 운율을 맞춰 봅니다.

선생님 말씀

	문 법	다의어의 쓰임
교과 연계	제 재	〈진주 귀걸이를 한 소녀〉(명화), 〈박지원〉(위인 이야기)
	글쓰기	다의어를 넣어 4행시 짓기
	교과 연계	5학년 1학기 3단원

5주

그때그때 뜻이 달라요!

다의어의 쓰임

공부한 날:　　월　　일

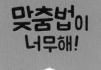

훈민이는 정음이가 놀리는 바람에 화가 나서 갑자기 뛰쳐나갔어요. 그런데 훈민이는 웬일인지
땀을 뻘뻘 흘리면서 색종이를 접고 있었지요. 왜 그랬을지 살펴보세요.

훈민아, 놀려서 미안해!
네 얼굴이 밝아서 다행이다.
근데 왜 갑자기
색종이를 접고 있니?

여자 친구 앞에서
나를 놀리면 내 얼굴이 뭐가 되니?
지금 여자 친구를 좋아하는
내 마음을 접고 있어!

〈하트 종이 접기〉

여러분도 함께 접어 보세요.

다의어의 쓰임

다의어는 두 가지 이상의 뜻을 가진 낱말이야. 이 여러 가지 뜻은 서로 연결이 되어 있어서 동형어와는 구분되지.
정음이는 '천이나 종이 따위를 꺾어서 겹치다.'라는 뜻으로 '접다'를 썼고, 훈민이는 '자기의 의견, 주장 따위를 더 이상 내세우지 않고 거두어들이다.'라는 뜻으로 썼지. 앞의 것이 중심 의미이고, 뒤의 것이 주변 의미야.

 다음은 '접다'의 여러 가지 뜻입니다. 훈민이와 정음이의 말은 각각 어디에 속하는지 번호를 써 보세요.

① 천이나 종이 따위를 꺾어서 겹치다.
② 자기의 의견, 주장 따위를 더 이상 내세우지 않고 거두어들이다.

(1)

(2)

 다음 밑줄 친 낱말과 같은 뜻으로 쓰인 것을 찾아 줄로 이어 보세요.

(1) 네 얼굴이 밝아서 다행이다.

(2) 내 얼굴이 뭐가 되니?

① 내 얼굴을 세워 주었구나!

② 창덕궁은 서울의 얼굴이다.

③ 슬픈 얼굴 하지 마세요.

④ 아이돌 계의 새 얼굴이 나타났습니다.

정음이는 훈민이의 마음을 달래 주려고 미술관에 갔어요. 훈민이는 그곳에서 베르메르의 〈진주 귀걸이를 한 소녀〉라는 그림 앞에서 한참을 서 있었지요. 왜 그랬을지 살펴보세요.

다의어의 뜻을 파악하는 방법

다의어의 뜻을 올바르게 알려면 이렇게 해 봐!

1. 문맥에서 낱말의 뜻을 짐작할 수 있는 부분을 찾습니다.

2. 바꾸어 쓸 수 있는 다른 낱말을 떠올려 봅니다.

3. 바꾸어 쓸 수 있는 낱말을 넣어 의미가 통하는지 생각합니다.

1. 다음 중 밑줄 친 낱말의 뜻을 바르게 연결한 것은 어느 것인가요?

① 머리에 <u>두르다</u>. : 목 위에 있는 몸의 일부분

② 천을 <u>두르다</u>. : 둘레를 돌다.

③ 그림을 <u>보다</u>. : 일정한 목적으로 만나다.

④ 귀 아래에 귀걸이를 <u>걸다</u>. : 조건, 영향 따위가 미치는 범위

★ 문맥에서 낱말의 뜻을 짐작합니다. '머리'는 사람이나 동물의 목 위의 부분을 뜻합니다. '두르다'는 띠나 수건, 치마 따위를 몸에 휘감다는 뜻이고, '보다'는 눈으로 대상의 존재나 형태적 특징을 알다는 뜻입니다.

2. 다음 밑줄 친 낱말과 바꾸어 쓸 수 있는 낱말에 ○표 하세요.

(1) 천을 <u>두르다</u>. ➡ (둘러보다, 휘감다, 들르다)

(2) 귀 <u>아래</u>에 귀걸이를 걸다. ➡ (위, 밑, 쪽)

(3) <u>길</u>을 떠나다. ➡ (밖, 집, 여행)

같이 가!

★ 낱말을 바꾸어 넣었을 때 의미가 통하는 것을 찾습니다. '아래'는 어떤 기준보다 낮은 위치의 뜻, '길'은 걷거나 탈것을 타고 어느 곳으로 가는 과정을 각각 말합니다.

3. 다음 밑줄 친 낱말과 같은 뜻으로 쓰인 것은 어느 것인가요?

<u>머리</u>에 두르다.

① 학생들이 <u>머리</u>를 끄덕였다.

② 보람이가 긴 <u>머리</u>를 짧게 깎았다.

③ 삼촌은 <u>머리</u>가 좋다.

★ 제시된 문장에서 '머리'는 사람이나 동물의 목 위의 부분을 말합니다. '머리'는 머리카락(②), 생각하고 판단하는 능력(③), 단체의 우두머리, 사물의 앞을 비유적으로 표현할 때 등 여러 가지 뜻으로 쓰입니다.

정음이는 자신이 읽은 위인 이야기를 훈민이에게 들려주었어요. 조선 시대에 〈양반전〉, 〈허생전〉, 〈열하일기〉 등을 쓴 문학가 박지원의 일생에 대한 이야기였지요. 이 글에 쓰인 다의어를 생각하며 함께 읽어 보세요.

연암 박지원은 집안이 가난해서 열다섯 살까지 제대로 공부하지 못했어요.
열여섯 살에 혼인을 한 박지원은 장인에게 글을 배우게 되었어요.
"이렇게 재미있는 글을 이제야 알게 되다니!"
그때부터 박지원은 집 밖을 나가지 않고 밤낮으로 책에 파묻혀 살았어요.
박지원은 수많은 책을 읽으며 나라의 현실과 미래에 대해서 깊이 생각했어요.
"백성들은 먹을 것이 없어서 하루하루 살기가 힘든데, 날마다 자기 생각만 옳다고
싸우는 학문이 무슨 소용 있을까? 청나라로 가서 생활에 이용할 수 있는
문물과 학물을 배워 와야겠다!"

박지원은 청나라로 건너가서 그곳의 실제적인 생활과 기술을 눈여겨보았어요.
그리고 돌아와서 〈열하일기〉를 써서 조선 사회의 개혁을 요구하였지요.
이밖에 양반들의 무능과 허세를 꼬집은 〈허생전〉, 〈양반전〉 등의 작품도 남겼어요.
박지원은 양반의 지식을 자랑하던 당시의 양반 문학과는 달리
자유분방하면서도 개혁적인 글을 썼지요.
이것은 어린 시절에 할아버지 손에 자라면서 공부 대신
마음껏 뛰어놀던 경험이 바탕이 된 것이었어요.
관청에서 일하는 하급 관리와 노비의 자녀들이 함께 자유롭게 어울리며
귀천이 없이 지낸 열린 마음이 남다른 문체로 발휘되었던 거예요.
이와 같은 박지원의 생각은 박제가, 유득공, 이덕무 등
　　　　　서얼 출신의 제자들에 의해 이어졌답니다.

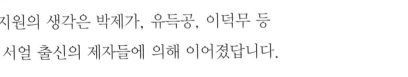

다의어를 활용하여 생각 표현하기

다의어로 생각을 표현할 때에는 이렇게 해 봐!
1. 문맥에 어울리는 다의어를 선택해서 씁니다.
2. 자신의 생각을 전할 수 있는 가장 효과적인 다의어를 선택해서 씁니다.

1. 다음 (   ) 안에 공통적으로 들어갈 말을 국어사전에서 찾으려고 합니다. 그 말을 □ 안에 써 넣으세요.

　(1) 박지원이 중국으로 (　　　　).

　(2) 영서가 무용부에서 글쓰기부로 (　　　　).

　(3) 승부가 엉뚱한 쪽으로 (　　　).

　(4) 옷에 주름이 (　　　).

　(5) 영화가 재미있어서 시간이 금방 (　　　　).

　(6) 생선이 물이 (　　　).

★ (1) 한 곳에서 다른 곳으로 장소를 이동하다. (2) 자리를 옮기다. (3) 한쪽으로 흘러가다. (4) 금, 줄, 주름살, 흠집 따위가 생기다. (5) 시간 따위가 지나거나 흐르다. (6) 원래의 상태를 잃고 상하거나 변질되다.

2. (1)~(5)의 뜻에 알맞게 '손'을 넣어 [보기] 와 같이 짧은 글짓기를 해 보세요.

> [보기]　박지원은 할아버지 손에 자랐다.

　(1) 사람의 팔목 끝에 달린 부분: ＿＿＿＿＿＿＿＿＿＿＿＿＿＿＿＿＿

　(2) 일손: ＿＿＿＿＿＿＿＿＿＿＿＿＿＿＿＿＿

　(3) 사람의 힘이나 노력, 기술: ＿＿＿＿＿＿＿＿＿＿＿＿＿＿＿

　(4) 어떤 사람의 영향력이나 권한이 미치는 범위: ＿＿＿＿＿＿＿＿＿＿

　(5) 사람의 수완이나 꾀: ＿＿＿＿＿＿＿＿＿＿＿＿＿＿＿

★ '손'은 (1) 씻다, 만지다 (2) 많다, 부족하다 (3) 빌리다, 많이 간다 (4) 넣다, 넘어가다 (5) 놀아나다.' 등의 동사와 어울려 쓰입니다.

1. 다음 (1)~(4)의 밑줄 친 낱말의 뜻에 해당하는 것을 ①~④에서 찾아 줄로 이어 보세요.

(1) 호동이는 <u>머리</u>가 크다. ●

(2) 장금이는 긴 <u>머리</u>를 잘랐다. ●

(3) 동생은 <u>머리</u>가 좋아서 공부를 잘한다. ●

(4) 꼬리가 되지 말고 <u>머리</u>가 되어라. ●

● ① 사람이나 동물의 목 위의 부분

● ② 생각하고 판단하는 능력

● ③ 머리에 난 털

● ④ 단체의 우두머리

★ '머리'가 문장 안에서 어떤 동사나 형용사와 어울려 쓰였는지 확인하고, 그 뜻을 미루어 생각해 봅니다.

2. 1의 내용을 바탕으로 하여 보기와 같이 다의어 표를 만들었습니다. '손, 얼굴, 발' 중 하나를 골라 보기처럼 다의어 표를 만들어 보세요.

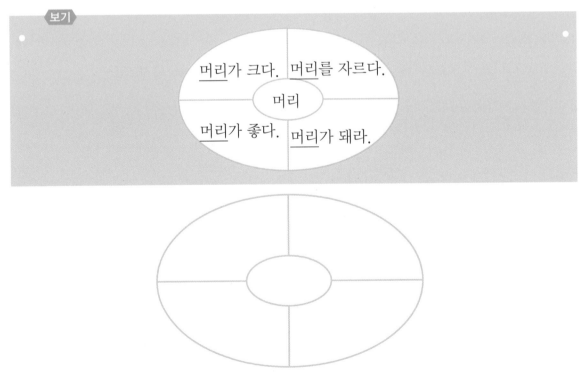

보기

머리가 크다. | 머리를 자르다.

머리

머리가 좋다. | 머리가 돼라.

★ 낱말이 뜻하는 여러 가지 뜻을 표에 구분하여 정리해 봅니다.

3. 2에서 활동한 내용을 바탕으로 하여 [보기]와 같이 4행시를 지어 보세요.

> [보기]
>
> **머리**가 큰 사람이 머리가 좋은 것은 아니에요.
>
> **머리**가 좋은 사람이 공부를 잘하는 것도 아니에요. 하지만
>
> **머리**를 단정히 하면 보기 좋아요. 이렇게 자신을 가꾸면 어디서든
>
> **머리**가 될 거예요.

★ 4행시를 지을 때에는 자신이 말하고 싶은 주제를 먼저 생각합니다. 그에 맞게 다의어가 들어갈 위치를 정해 봅니다. 그런 뒤에 이어 주는 말을 넣어 자연스럽게 연결해 봅니다.

선생님 말씀

문 법	용언의 활용
제 재	〈단오〉(명화), 일기(창작 생활문)
글쓰기	용언의 활용에 유의하여 끝말잇기
교과 연계	4학년 1학기 3단원

교과
연계

6주

카멜레온의
꼬리를 찾아라!

용언의 활용

공부한 날:　　월　　일

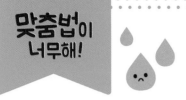

맞춤법이 너무해!

훈민이와 정음이는 동물원에 가서 여러 마리의 카멜레온을 보았어요. 그런데 제각각 몸의 색깔이 달랐지요. 왜 그랬을지 생각해 보세요.

용언의 활용

하하, 용언(동사, 형용사)이 문장에서 쓰일 때에 다양한 모습으로 변하는 것을 설명하기 위한 카멜레온이구나! 카멜레온의 몸에 적힌 낱말들처럼 변하지 않는 부분(어간)에 다양한 어미들을 결합하는 것을 활용이라고 해.

'읽다'의 경우처럼 어간과 어미의 형태가 원래 모습 그대로이면 '규칙 활용', '듣다, 하다, 하얗다'처럼 형태가 변하면 '불규칙 활용'이라고 한단다.

★ 어간: 활용할 때 변하지 않는 부분으로 뜻을 지니고 있음.
어미: 활용할 때 변하는 부분으로, 문법적 관계를 나타냄.

 ❶~❹에서 각 낱말의 어간(변하지 않는 부분)과 어미가 무엇인지 각각 써 보세요.

① 읽고 ➡ (   ) ＋ (   )

② 들어서 ➡ (   ) ＋ (   )

③ 해서 ➡ (   ) ＋ (   )

④ 하야니 ➡ (   ) ＋ (   )

 ❶~❹를 보고 다음 물음에 답하세요.

(1) 어간과 어미가 결합한 뒤 어간의 형태가 원래 모습 그대로인 것에 ○표 하세요.

❶은 규칙 활용,
❷는 ㄷ 불규칙 활용,
❸은 여 불규칙 활용,
❹는 ㅎ 불규칙 활용
이라고 해!

(2) 어간과 어미가 결합한 뒤 어간의 형태가 달라진 것에 ○표 하세요.

(3) 어간과 어미가 결합한 뒤 어미의 형태가 달라진 것에 ○표 하세요.

(4) 어간과 어미가 결합한 뒤 어간과 어미 둘다 형태가 달라진 것에 ○표 하세요.

정답 🏰 ① 읽, 고 ② 듣, 어서 ③ 하, 여서 ④ 하얗, 니 🏰 (1) ❶ (2) ❷, ❸, ❹ (3) ❸, ❹ (4) ❸, ❹

훈민이와 정음이는 봄꽃이 활짝 핀 길을 따라 공원으로 나갔어요. 그곳에는 그네가 매달려 있었지요. 마치 신윤복의 〈단오〉라는 그림과 비슷했어요. 함께 감상해 보세요.

불규칙 활용의 종류 알기

불규칙 활용에 대해 알아보려면 용언의 어간과 어미 변화를 살펴보아야 해!

1. 걷다: 걷(어간)+ -어(어미)→걸어 ('ㄷ' 불규칙)

2. 하다: 하(어간)+ -아(어미)→하여 ('여' 불규칙) '-아/-어'로 시작하는 어미가 '-여'로 바뀜.

3. 푸르다: 푸르(어간)+ -어(어미)→푸르러 ('러' 불규칙) '-아/-어'로 어미가 '-러'로 바뀜.

4. 빨갛다: 빨갛(어간)+ -아(어미)→빨개('ㅎ' 불규칙) 'ㅎ'으로 끝나는 어간에 '-아/-어'가 오면 어간의 일부인 'ㅎ'이 없어지고 어미도 변함.

1. 다음은 용언이 활용하는 모습을 볼 수 있는 표입니다. 빈칸에 알맞은 말을 써 넣으세요.

	(1) 푸르다	(2) 하다	(3) 보다	(4) 걷다	(5) 빨갛다	(6) 감다	(7) 타다
-고							
-아/어							
-(으)니							

★ 불규칙 활용을 하는 낱말에 유의하여 빈칸을 채워 봅니다.

2. 다음 밑줄 친 용언이 규칙 활용 용언인지, 불규칙 활용 용언인지 구분하여 번호를 써 넣으세요.

① 나무가 <u>푸르다</u>.　② 모습을 <u>보다</u>.　③ 치마가 <u>빨갛다</u>.　④ 그네를 <u>타다</u>.
⑤ 사뿐히 <u>걷다</u>.　⑥ 세수를 <u>하다</u>.　⑦ 머리를 <u>감다</u>.

(1) 규칙 활용을 하는 용언

(2) 불규칙 활용을 하는 용언

★ 규칙 활용은 용언이 활용을 할 때 어간과 어미의 기본 모양이 바뀌지 않는 것을 말하고, 불규칙 활용은 용언이 활용할 때 어간이나 어미의 기본 모양이 바뀌는 것을 말합니다.

파충류관

정음이는 동물원과 공원을 다녀온 날 밤에 일기를 썼어요. 하루 일을 되돌아보면서 마음을 정리하였지요. 이 글에서 용언이 어떻게 활용하는지 함께 살펴보아요.

훈민이와 함께 동물원에 갔다.

동물원에 도착하자마자 비가 오는 바람에 우리는 실내에 있는 〈파충류관〉으로 뛰어 들어갔다.

"에잇, 이런 날 비가 올게 뭐람!"

내가 비를 툭툭 털며 투덜거릴 때 하얀 벽면에 이상한 물체가 지나갔다.

"앗, 깜짝이야! 벌레!"

나는 소스라치게 놀라서 숨었는데, 자세히 보니 하얀색 카멜레온이었다.

카멜레온은 주변 환경에 따라 보호색이 변한다더니 하얀 벽면에 붙어서 하얀색이 된 것 같다.

우리는 가지각색의 카멜레온을 상상하면서 〈파충류관〉을 나왔다.

어느새 날씨는 활짝 개고 하늘은 더욱 파래 있었다.

우리는 봄꽃이 예뻐서 길을 따라 한참 걷다가 그네를 보았다.

훈민이와 나는 달려가서 서로 먼저 타겠다고 하였다.

"착한 내가 양보할게."

훈민이는 양보하며 내가 그네에 오르는 것을 도왔다.

나는 신윤복의 〈단오〉 그림에 나오는 여인이라도 된 양 즐겁게 발을 굴렀다.

하지만 그 기쁨도 잠시, 훈민이가 그네를 너무 세게 미는 바람에 다리가 후들거렸다.

뒤를 돌아보니 훈민이가 넓게 미소를 지어 보였다.

'흥, 내가 더 세게 밀어서 복수해 줄 테다!'

나는 굳게 다짐하고 훈민이가 그네에 오르기를 기다렸다.

그런데 훈민이는 어느새 저멀리 달아나고 있었다.

오늘 하루는 훈민이 때문에 약이 조금 오르긴 했지만 그래도 재미있었다. 다음번에 내가 훈민이를 혼내 줄 수 있기를 비니 기분이 좋아졌다.

불규칙 활용과 음운 탈락

불규칙 활용과 비슷해 보이는 음운 탈락도 있어!

1. 짓다: '-어'라는 어미가 붙으면 '지어'가 되는데, '짓'이라는 변하지 않는 부분(어간) 중에 'ㅅ'이 탈락한 것임('ㅅ' 불규칙).

2. 돕다: '-아'라는 어미가 붙으면 '돕아'가 아니라 '도와'로 바뀜('ㅂ' 불규칙).

3. 예쁘다, 빌다: '예쁘다'에 '-어'가 붙으면 '예뻐'가 되고, '빌다'에 '-니'가 붙으면 '비니'가 되어 불규칙 활용을 하는 것 같지만 늘 생기는 음운 탈락이므로 규칙 활용이라고 해(각각 '으' 탈락, 'ㄹ' 탈락).

1. **보기**와 같이 다음 낱말의 어간과 어미를 나누어 써 보세요.

	보기 하얀 ➡	하얗	＋	ㄴ

(1) 파래 ➡ [   ] ＋ [   ]

(2) 예뻐서 ➡ [   ] ＋ [   ]

어간과 어미를
따로 써 봐!

(3) 하였다 ➡ [   ] ＋ [   ]

(4) 도왔다 ➡ [   ] ＋ [   ]

(5) 지어 ➡ [   ] ＋ [   ]

(6) 비니 ➡ [   ] ＋ [   ]

★용언에서 변하지 않는 부분을 어간, 활용을 하는 부분을 어미라고 합니다. 각 불규칙 활용 전의 어간과 어미를 나누어 써 보세요.

2. **보기**와 같이 다음 용언이 불규칙 활용을 하는 짧은 글을 지어 보세요.

보기 파랗다: 파란 하늘이 더 <u>파래진다</u>.

예쁘다: _____

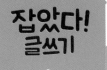

[1~2] 다음은 방정환의 〈귀뚜라미〉라는 동시입니다. 잘 읽고 물음에 답하세요.

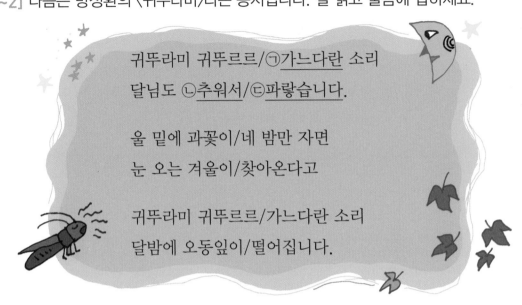

귀뚜라미 귀뚜르르/㉠가느다란 소리
달님도 ㉡추워서/㉢파랗습니다.

울 밑에 과꽃이/네 밤만 자면
눈 오는 겨울이/찾아온다고

귀뚜라미 귀뚜르르/가느다란 소리
달밤에 오동잎이/떨어집니다.

1. ㉠~㉢을 어간과 어미로 나누어 빈칸에 써 보세요.

(1) ㉠ 가느다란:　　□　＋　□

(2) ㉡ 추워서:　　□　＋　□

(3) ㉢ 파랗습니다:　　□　＋　□

2. 보기 와 같이 문장의 순서를 바꾸어 써 보세요.

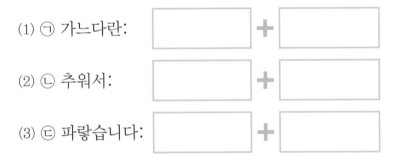

보기　　　　　　　　달님이 추다.

추운 달님

(1) 소리가 가느다랗다.

_____ 소리

(2) 달님이 파랗다

_____ 달님

★ 용언의 어간이 변화하는 모습을 문장의 순서를 바꾸면서 연습해 봅니다.

3. 용언의 활용에 유의하여 **보기** 와 같이 끝말잇기를 해 보세요.

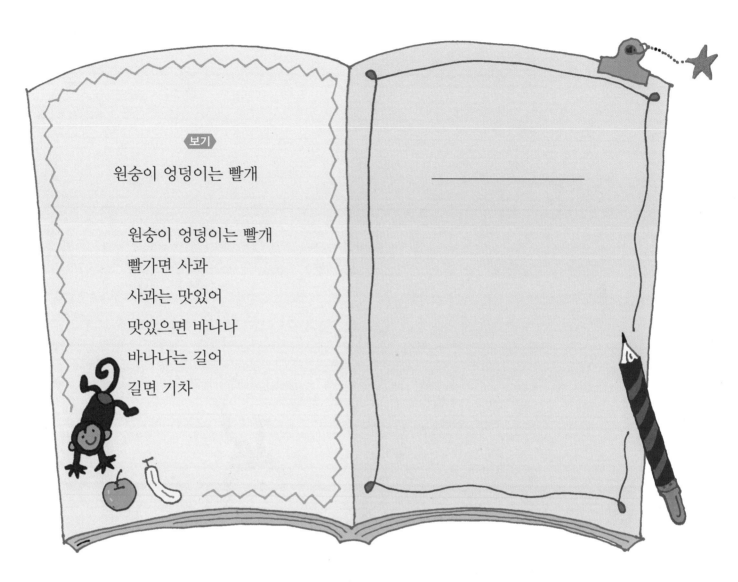

보기

원숭이 엉덩이는 빨개

원숭이 엉덩이는 빨개
빨가면 사과
사과는 맛있어
맛있으면 바나나
바나나는 길어
길면 기차

★ '주어+서술어'의 문장을 순서를 바꾸어서 '−면'으로 이어서 다른 대상을 찾아서 이어가는 활동입니다. 대상의 특성을 알맞은 용언으로 표현하고 '−면'을 넣어 다른 대상으로 이어 가 봅니다.

선생님 말씀

7주

맞을까? 틀릴까?

틀리기 쉬운 표현

공부한 날: 월 일

훈민이와 정음이는 마을에 붙은 포스터를 함께 보고 있었어요. 그런데 왠지 모르게 포스터가
이상하다는 생각이 들었어요. 왜 그랬을지 살펴보세요.

틀리기 쉬운 표현

우리말로 의사소통을 잘하고 한글을 지켜 나가려면 맞춤법에 맞게 글을 써야 하지. 그중 습관적으로 낱말을 거듭 써서 틀리는 것으로는 '따뜻한 온정', '역전앞'이 있고, 표기법에 맞지 않게 쓴 경우에는 '돼다', '육계장' 등이 있단다. 각각 '온정', '역전', '되다', '육개장'으로 써야 맞는 표현이지.

 다음은 포스터 속에 나온 문장입니다. 밑줄 친 낱말을 바르게 고쳐 쓴 것에 ○표 하세요.

(1) 이웃과 <u>따뜻한 온정</u>을 나눕시다!	온정
	다정
	따뜻한

(2) 장소: <u>역전앞</u>	역
	역전
	역전앞쪽

★'따뜻한 온정'은 '따뜻하다'는 표현이 두 번 들어가 있습니다. 따라서 중복되는 표현을 빼고 '온정' 또는 '따뜻한 정'으로 바꾸어 써야 합니다. 또한 '역전앞'은 '前(앞 전)'과 '앞'이라는 표현이 두 번 들어가 있습니다. 이것 역시 중복되는 표현을 빼고 '역전' 또는 '역 앞' 등으로 바꾸어 써야 합니다.

 다음 (1)~(2)에서 밑줄 친 말의 바른 표기를 오른쪽에서 찾아 줄로 이어 보세요.

(1) 많이 오셔서 보람된 시간이 <u>돼시길</u> 바랍니다. •

(2) 나눌 거리: <u>육계장</u> •

• ① 육괴장

• ② 되시길

• ③ 육개장

• ④ 데시길

• ⑤ 육괘장

★'되다'는 '되어', '되어라' 등으로 쓸 수 있는데 이것을 줄이면 '돼', '돼라' 등의 형태가 됩니다. 하지만 '돼다'와 같이 쓰지 않으므로 '되다'가 알맞은 표현이지요. 또한 '소고기를 삶아서 알맞게 뜯어, 갖은 양념을 하고 얼큰하게 끓인 국'은 '육계장'이 아니라 '육개장'으로 써야 올바른 표현입니다.

훈민이와 정음이가 함께 〈할아버지의 낡은 시계〉라는 동요를 듣고 있어요. 그런데 잘못 표기된 노랫말이 있네요. 어떤 부분이 잘못되었는지, 바른 표기는 무엇인지 생각해 보세요.

헷갈려서 잘못 쓰기 쉬운 낱말

틀리기 쉬운 표현 중에 대표적인 것으로 '게'와 '계'가 있고, '안'과 '않'도 있단다. '꽃게'는 '게'이지만, '시계'는 '계'이지. 또한 '안 먹다'라고 할 때는 '안'이 맞지만, '먹지 않았다'라고 할 때는 '않'이 맞단다.

1. 다음은 악보 속의 노랫말 중 틀린 표현입니다. 악보 속의 노랫말을 바르게 고쳐 쓰세요.

(1)

우리 할아버지 시 - 게

(2)

이 젠 더 가질안네

★ '시간을 재거나 시각을 나타내는 기계나 장치'를 통틀어 이르는 말은 '시계'입니다. 그리고 '어떤 행동을 안 하다'라는 의미의 낱말은 '않다'입니다.

2. 다음의 문장의 ( ) 안에 들어갈 알맞은 글자를 골라 ○표 하세요.

(1)

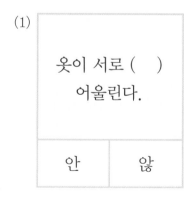

옷이 서로 ( ) 어울린다.

| 안 | 않 |

(2)

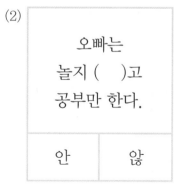

오빠는 놀지 ( )고 공부만 한다.

| 안 | 않 |

(3)

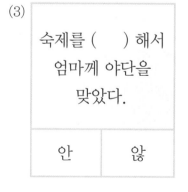

숙제를 ( ) 해서 엄마께 야단을 맞았다.

| 안 | 않 |

★ '안'은 부정 또는 반대의 뜻을 나타내는 '아니'의 줄인 말입니다. 그리고 '않–'은 '아니하–'의 줄인 말이지요. 주로 '안'은 '안 좋다'처럼 꾸며주는 말 앞에 붙고 '않'은 '좋지 않다'처럼 꾸며주는 말 뒤에 붙습니다.

73

훈민이는 정음이와 함께 〈심청전〉이라는 책을 보고 있어요. 그런데 책 속에 잘못 쓰인 낱말이 있었어요. 이 낱말들을 어떻게 바꾸어야 올바른 표현인지 생각하면서 함께 읽어 보세요.

심청은 공양미 삼백 석에 인당수의 제물이 되기로 했어요.

배가 떠나는 날, 심청이의 소식을 들은 심 봉사는 가슴을 치며 울었어요.

"안 된다, 청아! 너 죽고 나만 살면 무슨 소용이더냐."

심청은 뱃머리에서 외로이 선 아버지를 바라보며 한없이 울었어요.

어느덧 배가 인당수에 다다르자 거센 물결이 쳤어요.

"이보시오, 처자. 이제 때가 되었소."

뱃사람의 재촉에 심청은 두 눈을 감고 빌었어요.

"부디 우리 아버지가 눈을 뜨시고 오래오래 사시게 해 주시옵소서."

물에 풍덩 뛰어든 심청은 정신을 잃고 말았어요.

얼마나 지났을까요? 정신을 차린 심청이가 눈을 떴어요.

"여, 여기는 어디인가요?"

"여기는 용궁이니라. 아비의 눈을 뜨게 하기 위해 목숨을 바친

네 효성이 갸륵하여 온정을 베풀어 주겠노라."

심청은 용왕의 배려로 연꽃에 실려 물 위로 올라갔어요.

틀리기 쉬운 표현의 바른 표기

틀리기 쉬운 표현을 크게 두 가지로 나누면 같은 뜻이 중복되어 사용된 경우와 어휘를 정확하게 사용하지 않은 경우가 있습니다. '안 먹었다 – 먹지 않았다', '의사가 <u>되라</u> – 잘 <u>돼야</u> 할 텐데', '깨끗<u>이</u> – 꼼꼼<u>히</u>', '<u>웬일</u>로 네가 – 오늘은 <u>왠지</u>' 등은 혼동하기 쉬운 표현이란다.

1. 다음 문장의 밑줄 친 낱말은 틀린 표현입니다. 빈칸에 바르게 고쳐 써 보세요.

(1) 심청은 공양미 삼백 석에 인당수의 제물이 <u>돼기로</u> 했어요.

(2) "<u>않 된다</u>, 청아! 너 죽고 나만 살면 무슨 소용이더냐."

➡

★ '다른 것으로 바뀌거나 변하다'는 뜻은 '돼다'가 아니라 '되다'가 올바른 표현입니다. 또한 '않다'는 '어떤 행동을 안 하다'는 의미로 사용하기는 하지만 '않'을 따로 써서 '않 된다'라고 쓰면 틀린 표현이지요. 알맞은 표현은 '안 된다'입니다.

2. (1) 다음 문장의 (   ) 안에 알맞은 글자를 쓰고, (2) 주어진 낱말의 빈칸에 공통으로 들어갈 글자를 써 보세요.

(1) 심청은 뱃머리에서 <u>외로(   )</u> 선 아버지를 바라보며 한없이 울었어요.

(2)

★ '솔직하다'처럼 '하다'를 붙일 수 있는 경우에는 '히'를 붙입니다. 그리고 '깨끗하다'처럼 '하다'를 붙일 수 있더라도 '하다' 앞에 '끗'처럼 'ㅅ'으로 끝나면 '이'를 붙입니다.

[1~2] 다음은 〈심청전〉을 읽고 쓴 독서 감상문입니다. 잘 읽고 물음에 답하세요.

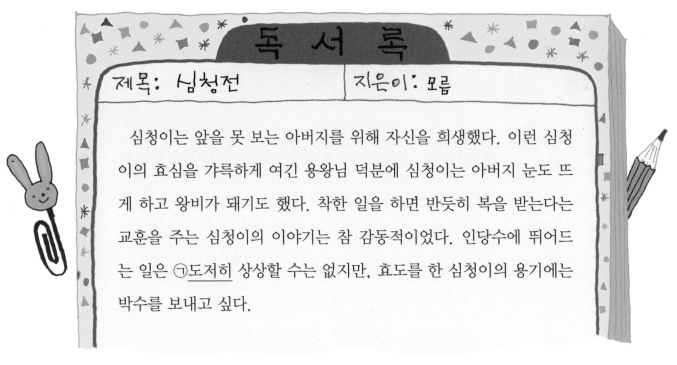

독 서 록

제목: 심청전   지은이: 모름

　심청이는 앞을 못 보는 아버지를 위해 자신을 희생했다. 이런 심청이의 효심을 갸륵하게 여긴 용왕님 덕분에 심청이는 아버지 눈도 뜨게 하고 왕비가 돼기도 했다. 착한 일을 하면 반듯이 복을 받는다는 교훈을 주는 심청이의 이야기는 참 감동적이었다. 인당수에 뛰어드는 일은 ㉠도저히 상상할 수는 없지만, 효도를 한 심청이의 용기에는 박수를 보내고 싶다.

1. 이 글에서 틀린 표현을 찾아 ( ) 안에 쓰고, 빈칸에 알맞게 고쳐 쓰세요

⑴ (　　　　　) ➡ [　　　　　]　　⑵ (　　　　　) ➡ [　　　　　]

★틀리기 쉬운 표현 중 '되-'와 '돼-'가 있고, '-이'와 '-히'가 있습니다. 소리 나는 대로 읽으면 구분하기 힘들기 때문에 바른 표현이 어떤 것인지를 확실히 알아두어야 합니다.

2. 이 글의 밑줄 친 ㉠처럼 ( ) 안에 '히'가 들어가는 낱말을 모두 골라 빈칸에 써 넣으세요.

깨끗( )	솔직( )	쓸쓸( )	분명( )
기꺼( )	일찍( )	조용( )	가까( )

★《한글 맞춤법》에 따르면 '-이'와 '-히'로 끝나는 낱말을 구분하는 기준으로 "부사의 끝 음절이 분명히 '이'로 나는 것은 '-이'로 적고, '히'로만 나거나 '이'나 '히'로 나는 것은 '-히'로 적는다."라고 정하고 있습니다.

3. 〈심청전〉을 읽고 나서 부모님께 편지를 쓰려고 합니다. 심청이처럼 효도하는 마음을 담아 틀리기 쉬운 표현에 유의하여 편지를 써 보세요.

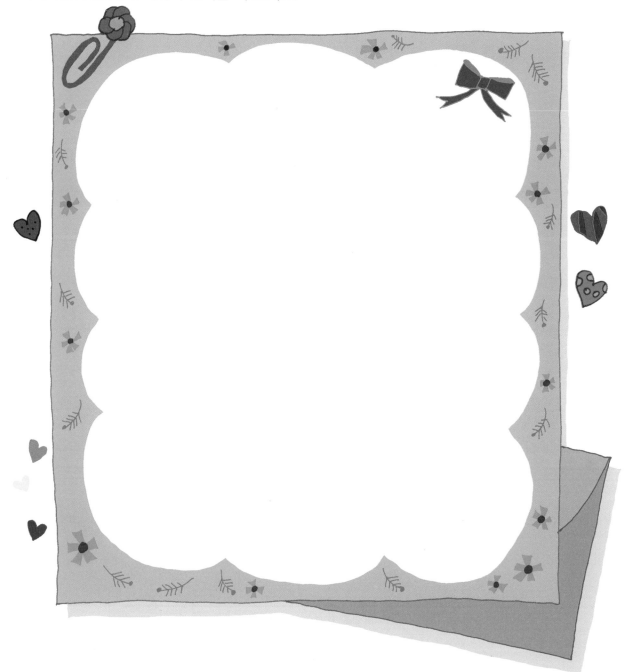

★ 편지는 형식을 지켜서 쓰는 것이 좋습니다. 먼저 '받을 사람'을 쓰고 '첫인사'로 시작해야 합니다. 그리고 편지에서 '전하고자 하는 내용'을 담습니다. 마지막으로 '끝인사'를 하고 편지를 '쓴 날짜'와 '보내는 사람'을 쓰면 됩니다.

선생님 말씀

교과
연계

문 법	문장의 호응
제 재	포스터(실용 자료), 〈서시〉(시)
글쓰기	문장의 호응에 유의하여 동시 쓰기
교과 연계	4학년 1학기 3단원

8주

우리는 찰떡 남매

문장의 호응

공부한 날:　　월　　일

훈민이는 정음이에게 주말에 만나자는 문자 메시지를 보냈어요. 그런데 '약속은 알겠는데, 네가 쓴 문장이 서로 호응되지 않는다.'며 정음이가 불평을 했어요. 왜 그랬을지 살펴보세요.

문장의 호응

자연스럽고 정확한 문장을 쓰기 위해서는 문장의 호응을 생각해야 한단다.
문장의 호응은 문장에서 앞뒤의 말이 서로 밀접한 관계를 가지고 조화를 이루는
것을 말해. '결코'가 앞에 오면 '~않다.'가 뒤에 오는 경우처럼 말이야.

 다음은 문자 메시지 속의 문장입니다. 밑줄 친 낱말을 고쳐 쓸 수 있는 말을 보기 에서
골라 ( ) 안에 번호를 쓰세요.

보기 ① 타니까   ② 하셨어   ③ 탔으니까   ④ 할 것이야   ⑤ 탈 예정이니까

(1) 어머니께서 주말에 놀아도 된다고 했어. (   )

(2) 지난 주말에는 자전거 탈 거니까, 이번 주말에는 아이스크림 사 먹을까? (   )

★ "어머니께서 주말에 놀아도 된다고 했어."는 높임의 대상과 서술어가 서로 어울리지 않습니다. 서술어를 높임의 대상에 맞게 써야 하지요. 그
리고 '지난 주말에는 같이 자전거 탈 거니까.'는 시간을 나타내는 말과 서술어가 맞지 않게 쓰인 문장입니다. '지난 주말'이 과거이므로, 서술
어도 과거의 표현을 써야 합니다.

 다음 문장의 밑줄 친 말에 알맞은 낱말을 찾아 줄로 이어 보세요.

마치 네가 주말에 놀 수 없다면 나는
무척 슬플 거야.

| 결코 | 만약 | 비록 | 절대로 |

★ '마치 나비와 같다'처럼 '마치'는 '~와 같다.'와 서로 어울리는 말입니다.

훈민이와 정음이는 하굣길에 포스터 한 장을 보았어요. 하루 종일 내린 비로 이곳저곳이 찢어진 포스터였지요. 훈민이와 정음이는 포스터의 찢어진 곳에 들어갈 낱말이 무엇인지 궁금했답니다.

주의해야 할 문장의 호응

문장의 호응 중 틀리기 쉬운 것으로 시간을 나타내는 말과 서술어의 호응을 들 수 있어. '어제'와 같은 과거를 나타내는 말이 들어가면 '-었-'이 서술어로 들어가야 하고, '오늘'과 같은 현재를 나타내는 말이 들어가면 '-ㄴ-'이 서술어로 들어가야 해. 그리고 '내일'과 같은 미래를 나타내는 말이 들어가면 '-겠-'과 같은 말이 들어가야 하지.

1. 다음의 밑줄 친 낱말이 문장에서 호응을 이룬 문장에 ○표, 그렇지 않은 문장에 ×표를 하세요.

① 우리는 <u>앞으로</u> 도전할 것입니다!　➡　(　　　　　　)

② 우리는 <u>과거에</u> 도전할 것입니다!　➡　(　　　　　　)

★ '도전할 것입니다!'는 미래에 해당하는 내용으로 미래를 뜻하는 낱말과 호응되어야 합니다.

2. 다음 문장의 (　) 안에 들어갈 알맞은 낱말에 ○표 하세요.

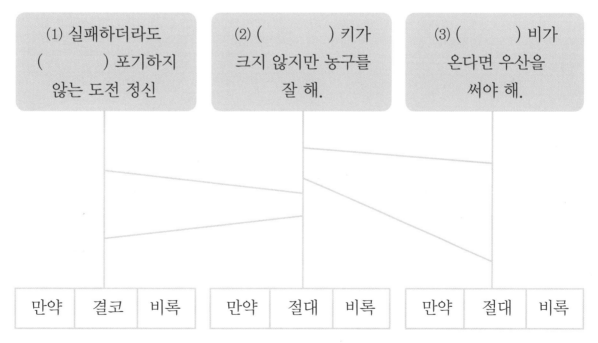

(1) 실패하더라도 (　　　　) 포기하지 않는 도전 정신

(2) (　　　　) 키가 크지 않지만 농구를 잘 해.

(3) (　　　　) 비가 온다면 우산을 써야 해.

| 만약 | 결코 | 비록 |

| 만약 | 절대 | 비록 |

| 만약 | 절대 | 비록 |

★ '만약'은 '~한다면, ~라면'과 호응을 이루고, '결코'는 '~않다'와 호응을 이루며, '비록'은 '-ㄹ지라도(-지만)'과 호응을 이룹니다.

늦은 저녁, 훈민이와 정음이는 윤동주의 〈서시〉를 읽고 있었어요. 아름다운 시 속에 푹 빠진 훈민이와 정음이는 이 시 속에도 문장의 호응이 있다는 것을 발견했어요. 함께 감상해 보세요.

서 시

윤동주

죽는 날까지 하늘을 우러러
한 점 부끄럼이 없기를
잎새에 이는 바람에도
나는 괴로워했다.

별을 노래하는 마음으로
모든 죽어가는 것을 사랑해야지.
그리고 나한테 주어진 길을 걸어가야겠다.

오늘 밤에도 별이 바람에 스치운다.

우아, 멋진 표현이다!

시간을 나타내는 말과 서술어의 호응

일부 문장에는 시간을 나타내는 말과 호응을 이루는 서술어가 있어. 그러므로 문장을 읽었을 때 과거인지 현재인지 미래인지를 판단하는 게 중요하지. 그래야 알맞은 서술어를 써서 문장의 호응을 이룰 수 있단다.

1. 다음 문장은 〈서시〉의 일부로, ㉠으로 표시된 부분에 시간을 나타내는 말을 넣고자 합니다. 알맞은 낱말을 보기 에서 골라 써 보세요.

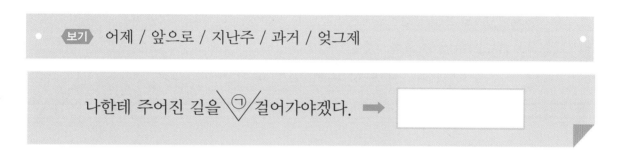

보기 어제 / 앞으로 / 지난주 / 과거 / 엊그제

나한테 주어진 길을 ㉠ 걸어가야겠다. ➡

★ '~야겠다'는 앞으로 할 일을 의미하는 서술어이므로 '내일', '내년', '앞으로'와 같이 미래를 나타내는 낱말과 호응을 이룹니다.

2. 다음 문장을 각각의 주어진 조건에 알맞게 바꾸어 써 보세요.

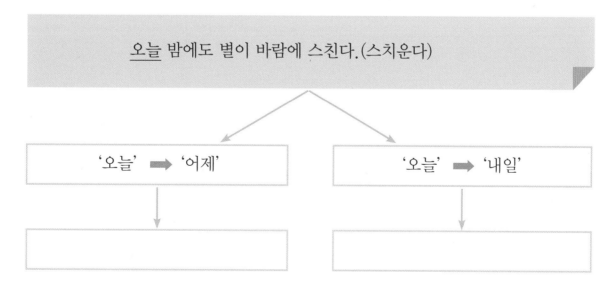

오늘 밤에도 별이 바람에 스친다.(스치운다)

'오늘' ➡ '어제'

'오늘' ➡ '내일'

★ 문장을 자연스럽게 만들기 위해서는 시간을 나타내는 낱말에 맞게 서술어를 고쳐야 합니다. 과거는 '-었-'이, 미래는 '-겠-'이 들어가면 됩니다.

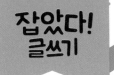

[1~2] 다음은 정음이가 쓴 동시입니다. 이 동시를 읽고 문장의 호응을 생각해 보세요.

1. 이 시의 ㉠은 문장의 호응이 맞지 않습니다. 바르게 고쳐 쓰세요.

할머니께서 호호호 웃는다.		

★'할머니'는 높여야 할 사람입니다. 따라서 서술어 '웃는다'가 바뀌어야 합니다.

2. ㉡에 들어갈 알맞은 낱말을 보기 에서 골라 쓰세요.

> 보기 마치 / 절대로 / 결코 / 아마 / 비록 / 왜냐하면

★'아마'는 '~ㄹ 것이다.' 또는 '~인가 보다.' 등과 함께 쓰여 자연스러운 문장의 호응을 이룹니다.

3. 시는 우리의 마음을 표현할 수 있습니다. 문장의 호응에 주의하여 한 편의 동시를 자유롭게 써 보세요.

★ 주로 어린이를 독자로 예상하고 어린이의 마음을 노래한 시를 동시라고 합니다. 동시를 쓸 때에는 시를 쓸 재료인 글감을 정하고 자신의 생각이나 느낌을 짧게 줄여서 쓰도록 노력해 봅니다. 소리를 내서 읽을 때에 노래하듯이 읽을 수 있도록 운율을 맞춰서 쓰면 좋습니다.

선생님 말씀

교과
연계

문 법	자주 쓰는 속담, 일반적인 관용어
제 재	〈비트루비안 맨〉(명화), 〈토끼전〉(고전 소설)
글쓰기	관용 표현을 넣어 일기 쓰기
교과 연계	6학년 2학기 4단원

9주

누워서 떡 먹기

관용 표현

공부한 날: 월   일

맞춤법이 너무해!

훈민이는 시골에 계신 할아버지께서 보내신 편지를 받았어요. 그런데 편지 내용 중에 무슨 뜻 인지 잘 모르는 것이 있었지요. 훈민이가 이해하지 못한 것이 무엇인지 살펴보세요.

훈민이에게

우리 훈민이, 잘 지냈니?
얼마 전 큰비가 내렸는데 큰 피해는 없었는지 모르겠구나.
그 비로 우리 마을에는 작은 산사태가 있었단다. 다행히 다친 사람은
아무도 없고 모두가 발 벗고 나선 덕분에 산사태 피해도
빨리 해결되었지. 소 잃고 외양간 고친 격이긴 했지만
그래도 산에 나무도 심고 옹벽도 쌓아서 다시 이런 피해가 없도록
모두가 최선을 다했단다.
다음에 우리 훈민이가 오면 산사태 걱정 없는 곳에서
맘껏 뛰어놀 수 있겠구나.
그럼 그 때까지 잘 지내려무나.

2000년 ○월 ○일
할아버지가

'발 벗고 나서?'
'소 잃고 외양간을 고쳐?'
발을 어떻게 벗지?
소를 잃었는데 외양간은
왜 고치고?

90

관용 표현

관용 표현은 원래의 뜻과는 다른 새로운 뜻으로 굳어져 쓰는 표현으로, 관용어와 속담이 포함된단다. 훈민이가 받은 할아버지 편지 내용 중에 '발 벗고 나서다.'는 '어떤 일을 마치 자기 일처럼 적극적으로 나서다.'라는 의미의 관용어야. 그리고 '소 잃고 외양간 고친다.'는 일이 이미 잘못된 뒤에 손을 써도 소용이 없음을 비꼬는 속담이란다.

 다음 문장의 밑줄 친 부분과 바꿔 쓸 수 있는 내용을 줄로 이어 보세요.

모두가 <u>발 벗고 나선</u> 덕분에 산사태 피해도 빨리 해결되었지.

●

● ① 발이 넓은   ● ② 두 팔을 걷어붙인   ● ③ 코가 납작해진   ● ④ 눈이 번쩍 뜨인

★ 관용어는 '둘 이상의 낱말이 합쳐져 원래의 뜻과는 전혀 다른 새로운 뜻으로 굳어져서 쓰이는 표현'으로, '발 벗고 나서다.' 역시 관용어입니다. 어떤 일을 할 때 빠지지 않고 적극적으로 나서는 모양을 가리킵니다.

 다음 밑줄 친 부분의 의미를 가장 알맞게 설명한 사람에게 동그라미 하세요.

<u>소 잃고 외양간 고친</u> 격이긴 하다.

① '소 잃고 외양간 고친다.'는 것은 잔뜩 겁을 먹어서 기를 못 쓴다는 의미야.

② '소 잃고 외양간 고친다.'는 것은 이미 일이 잘못된 뒤에는 손을 써도 소용이 없다는 의미지.

★ '소 잃고 외양간 .'는 것은 속담입니다. '속담'이란 '예로부터 전해지는 조상들의 지혜가 담긴 표현'을 말합니다. 소를 잃고 난 다음에 소가 살던 외양간을 고치는 것은 소용이 없는 일일 것입니다.

정답 ★ ② ★ ②

할아버지의 편지를 읽던 훈민이는 깜빡 잠이 들었어요. 꿈속에서 만난 〈비트루비안 맨〉이라는 낯선 사람이 자기 설명을 들으면 할아버지의 편지를 읽을 때 전혀 어려움이 없을 거라고 자신 있게 말했답니다. 과연 그 말이 맞을지 살펴보세요.

관용어

관용어는 '둘 이상의 낱말이 결합하여 원래의 의미와는 다르게 습관적으로 굳어져 사용하는 말'을 말해. '코가 납작해지다.', '발이 넓다.', '눈이 번쩍 뜨이다.', '손이 크다.' 등도 관용어이지. 이런 말은 원래의 뜻과는 다른 의미로 사용된다는 특징이 있지.

1. 다음 그림 속 퀴즈를 보고, 알맞은 정답을 보기 에서 골라 번호를 써 보세요.

(1) '눈이 번쩍 뜨이다.'의 뜻? (　　)

(2) '코가 납작해지다.'의 뜻? (　　)

보기 ① 씀씀이가 후하고 크다.　② 사귀어 아는 사람이 많아 활동하는 범위가 넓다.
③ 정신이 갑자기 들다.　④ 몹시 무안을 당하거나 기가 죽다.

★ '10시를 가리키는 시계를 보니 눈이 번쩍 뜨였다.', '친구의 자랑에 코가 납작해졌다.'처럼 사용할 수 있습니다.

2. 다음 문장의 (　) 안에 들어가기 알맞은 낱말에 ○표 하세요.

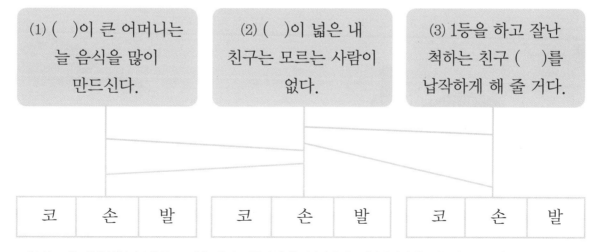

(1) (　)이 큰 어머니는 늘 음식을 많이 만드신다.

(2) (　)이 넓은 내 친구는 모르는 사람이 없다.

(3) 1등을 하고 잘난 척하는 친구 (　)를 납작하게 해 줄 거다.

| 코 | 손 | 발 | 코 | 손 | 발 | 코 | 손 | 발 |

★ '손이 크다'는 말은 '씀씀이가 후하고 크다.'는 뜻이고, '발이 넓다'는 '사귀어 아는 사람이 많아 활동하는 범위가 넓다.'는 뜻입니다.

할아버지 댁에 놀러간 훈민이는 할아버지께서 읽어 주시는 〈토끼전〉을 들었어요. 그런데 알 것 같기도 하고 모를 것 같기도 한 표현들이 많아서 고개를 갸웃렸지요. 왜 그랬을지 살펴보세요.

토끼는 용왕에게 자기의 간을 땅에 두고 왔다고 거짓말을 했어요.

그래서 용왕에게 자라와 함께 땅에 다녀오라는 허락을 간신히 받아 냈지요.

바다를 헤엄쳐 땅에 도착하자 토끼는 자라의 등에서 폴짝 뛰어내렸어요.

"아니, 토 선생. 어디 가시오? 간을 가지러 가는 거면 나도 같이 가겠소."

"흥! 간을 가지러 가긴 어딜 가니? 간을 떼었다 붙였다 하는 동물이 어디 있다고!"

그제야 자라는 토끼에게 속은 것을 알았어요.

그간 토끼에게 지극정성으로 잘하면 공든 탑이 무너지랴 했는데

다 소용없는 일이 되고 말았어요.

"내가 자라 너에게 속아서 죽을 뻔한 걸 생각하면 아직도 간이 떨려. 흥!"

토끼의 매몰찬 말에 자라도 나쁜 말이 나올 것 같았지만,

'가는 말이 고와야 오는 말이 곱다.'고 마음을 바꿔 먹었지요.

"이보시오, 토 선생. 그러지 말고 잘 생각해 보오. 우리 용왕님이……."

"흥! 미안하지만 그건 나도 모르겠어."

토끼는 자라만 남겨 두고 폴짝폴짝 뛰어 산 속으로 사라져 버렸답니다.

속담

'속담'이란 '예로부터 민간에 전하여 오는 쉬운 격언이나 잠언'을 말하지. '공든 탑이 무너지랴.', '가는 말이 고와야 오는 말이 곱다.' 등이 속하는데, 속담을 쓰면 듣는 이에게 자기의 의사를 쉽고 효과적으로 전달할 수 있어.

1. 다음에 주어진 뜻과 같은 속담을 본문에서 찾아 빈칸에 쓰세요.

(1)
힘을 다하고 정성을 다하여 한 일은 그 결과가 반드시 헛되지 아니하다.

(2)
자기가 남에게 말이나 행동을 좋게 하여야 남도 자기에게 좋게 한다.

★속담과 같은 관용 표현을 사용하면 말을 길게 하지 않아도 전달하고자 하는 내용을 한 번에 전달할 수 있습니다.

2. 다음 각 문장의 (　) 안에 공통적으로 들어갈 낱말을 빈칸에 쓰세요.

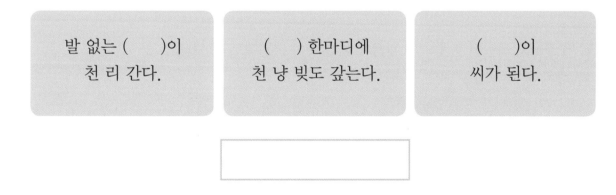

발 없는 (　　)이 천 리 간다.

(　　) 한마디에 천 냥 빚도 갚는다.

(　　)이 씨가 된다.

★'발 없는 말이 천 리 간다.'는 말은 비록 발이 없지만 천 리 밖까지도 순식간에 퍼진다는 의미이고, '말 한마디에 천 냥 빚도 갚는다.'는 속담은 말만 잘하면 어려운 일이나 불가능해 보이는 일도 해결할 수 있다는 뜻이고, '말이 씨가 된다.'는 늘 말하던 것이 마침내 사실대로 되었을 때를 이르는 말입니다.

[1~2] 다음은 〈토끼전〉을 읽고 쓴 훈민이의 일기입니다. 잘 읽고 물음에 답하세요.

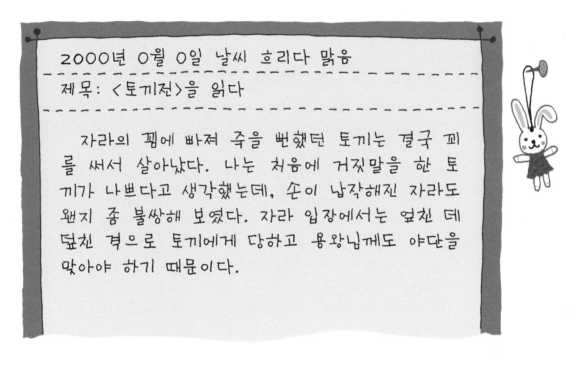

2000년 O월 O일 날씨 흐리다 맑음

제목: 〈토끼전〉을 읽다

　　자라의 꾐에 빠져 죽을 뻔했던 토끼는 결국 꾀를 써서 살아났다. 나는 처음에 거짓말을 한 토끼가 나쁘다고 생각했는데, 손이 납작해진 자라도 왠지 좀 불쌍해 보였다. 자라 입장에서는 엎친 데 덮친 격으로 토끼에게 당하고 용왕님께도 야단을 맞아야 하기 때문이다.

1. 다음 밑줄 친 부분은 관용 표현을 잘못 쓴 것입니다. '손'을 다른 낱말로 바꾸어 고쳐 써 보세요.

손이 납작해진 자라	➡	

★ '관용 표현은 2개 이상의 낱말이 한 덩어리로 굳어져 한 낱말처럼 쓰이기 때문에 그 표현을 마음대로 바꾸어 쓸 수 없습니다.

2. 이 글에서 다음의 뜻을 가진 관용 표현을 찾아 본문대로 써 보세요.

어렵거나 나쁜 일이 겹치어 일어나다.

★ '설상가상'이라는 말은 눈 위에 서리가 덮인다는 뜻으로, 난처한 일이나 불행한 일이 잇따라 일어남을 이르는 말입니다. 이와 비슷한 관용 표현을 찾아봅니다.

3. 옛이야기나 고전을 읽고 일기를 써 보세요. 이때 보기 의 속담이나 관용어와 같은 관용 표현을 1개 이상 사용하여 일기를 완성해 보세요.

보기	
코가 납작해지다. 눈이 번쩍 뜨이다. 공든 탑이 무너지랴.	
말이 씨가 된다. 엎친 데 덮치다. 말 한마디에 천 냥 빚도 갚는다.	
가는 말이 고와야 오는 말이 곱다. 발 없는 말이 천 리 간다.	

월 일 요일	
제목:	

★ 그날그날 겪은 일이나 생각, 느낌 따위를 적는 개인의 기록을 '일기'라고 합니다. 형식이나 내용에 큰 제한이 없으며 자유롭게 쓰되 내용에 알맞은 속담이나 관용어를 써 봅니다.

선생님 말씀

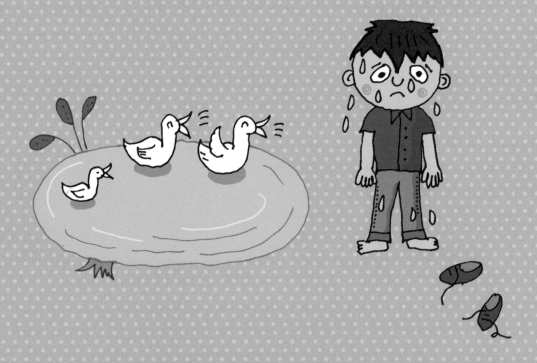

10주

그래서 이런 일이
생겼어요!

원인과 결과

공부한 날: 월   일

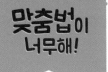

훈민이와 정음이는 문장이 쓰여 있는 낚싯대로 자석놀이를 했어요. 그런데 이 낚싯대는 '결과'에 알맞은 '원인'이 써 있는 고기만 붙을 수 있었지요. 잘 보고 알맞은 고기를 골라 보세요.

원인과 결과

어떤 결과에는 대부분 원인이 있단다. 원인을 알면 왜 그런 결과가 생겼는지 알 수 있지. 원인은 어떤 사물이나 상태를 변화시키는 근본이 된 일이나 사건을 말하고, 결과는 어떤 원인으로 생긴 일이나 상태를 말해. 원인과 결과는 서로 밀접한 관련에 있지. 이를 '인과 관계'라고 하는데, 누가 보아도 인정할 수 있는 관계를 말한단다. 어떤 결과에 대한 원인을 잘 찾으면 문제가 쉽게 해결될 수 있단다.

 다음은 훈민이와 정음이의 낚시터에 있는 문장들을 모아 놓았어요. 다음 중 원인과 결과로 나누어서 번호를 각각 써 보세요.

(1)
① 학교에 지각을 자주 한다.
② 아침잠이 많다.
③ 늦게까지 게임을 한다.
④ 밤에 자주 깬다.

원인:
_____

결과:
_____

(2)
① 지우개를 잘 챙기지 않는다.
② 지우개의 크기가 매우 작다.
③ 지우개에 이름을 쓰지 않는다.
④ 지우개를 잃어버렸다.

원인:
_____

결과:
_____

 보기와 같이 원인과 결과로 나누어 써 보세요.

보기 밤에 자주 깬다. ➕ 학교에 지각을 자주 한다.
      원인   결과

(1) 아침잠이 많다. ➕ 학교에 지각을 자주 한다.

☐   ☐

(2) 지우개에 이름을 쓰지 않는다. ➕ 지우개를 잃어버렸다.

☐   ☐

정답 ★ (1) 원인: ②, ③, ④ 결과: ① (2) 원인: ①, ②, ③ 결과: ④ ★ (1) 원인, 결과 (2) 원인, 결과

훈민이와 정음이는 원인 없는 결과 없고, 결과에는 반드시 원인이 있다는 것을 알게 되었어요.
그 모습을 찾다가 고흐의 〈씨 뿌리는 사람〉이라는 그림을 발견했어요. 함께 감상해 보세요.

인과 관계

인과 관계란 원인과 결과 사이의 관계라는 뜻이야. 하나의 문제(결과)에는 여러 가지 원인이 있는 경우가 많아. 그렇기 때문에 가장 중요한 원인에서 해결 방법을 찾고, 또 다른 원인으로 찾다 보면 문제가 해결될 수 있단다. 농부가 열심히 씨를 뿌려서 풍년이 되면 열심히 씨를 뿌린 사실이 하나의 풍년이 된 원인이 될 수 있는 거란다.

1. 이 그림에서 농부는 열심히 씨를 뿌립니다. 다음 결과에 알맞은 원인에 찾아 줄로 이어 보세요.

원인

① 농부가 열심히 일했다.

② 날씨가 적당했다.

③ 씨의 품종이 좋았다.

④ 해충의 피해가 적었다.

결과

(1) 풍년이 들었다.

(2) 흉년이 들었다.

원인

⑤ 농부가 일을 게을리했다.

⑥ 날씨가 좋지 않았다.

⑦ 씨의 품종이 나빴다.

⑧ 해충의 피해가 많았다.

★ 원인과 결과는 서로 밀접한 관련이 있습니다. 결과가 다르면 원인도 다릅니다.

2. 보기와 같이 다음 속담들을 원인과 결과가 나타난 두 문장으로 나누어 써 보세요.

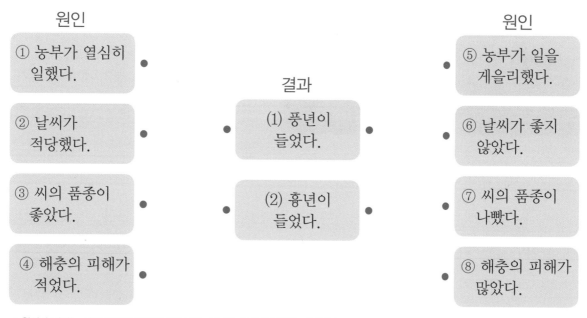

보기

아니 땐 굴뚝에 연기 나랴.

굴뚝에 불을 때지 않았다. 그래서 굴뚝에 연기가 나지 않았다.
　　　원인　　　　　　　　　　　결과

(1) 콩 심은 데 콩 난다. ➡ (　　　　　　　　) 그래서 (　　　　　　　　)

(2) 윗물이 맑아야 아랫물도 맑다. ➡ (　　　　　　　) 그래서 (　　　　　　　)

★ 원인과 결과가 한 문장에 들어 있는 문장은 '그래서, 그러니까, 그렇기 때문에' 등의 이어 주는 말을 넣어서 두 문장으로 나눌 수 있다.

훈민이와 정음이는 요즘 하늘이 뿌옇고 숨쉬기가 힘들어진 원인이 '황사'라는 것을 알게 되었어요. 다음의 〈황사〉에 대해 설명하는 글을 잘 읽어 보세요.

황사는 중국과 몽골에 있는 작은 모래나 흙먼지가 우리나라까지 날아와 떨어지는 현상을 말한다.

이 지역의 흙들이 겨우내 얼어 있다가 따뜻한 황사 현상이 나타나면 ㉠먼지의 양이 급격히 늘어나서 공기가 더러워진다. ㉡이것을 사람이 코와 입으로 마시게 되기 때문에 감기, 호흡기 질환, 눈병, 콧병 등 각종 질병에 걸리기 쉽다.

황사의 모래 성분에는 규소, 철, 칼륨 등의 산화물로 이루어져 있다. 이것이 급속하게 늘어난 중국의 공장 매연에 섞인 납, 카드뮴, 알루미늄, 구리 같은 ㉢중금속과 발암 물질이 섞이기 때문에 인체에 해롭다.

황사로 인한 피해는 매우 광범위하다. 정밀하고 예민한 항공기나 자동차의 전자 장비에 이상을 일으킬 수 있고, 농작물과 식물의 숨구멍을 막아 성장을 방해하기도 하고, 가축에게는 구제역 등의 전염병을 일으키기도 한다. 이 때문에 황사 예보가 발령되면 먼지에 예민한 전자 제품을 다루는 곳과 가축을 사육하는 농가들은 주의를 기울이는 경우가 많다.

황사 피해를 최소한으로 줄이려면 황사가 발원하는 곳의 생태계를 다시 살려야 한다. 그리고 사막화된 땅에 풀과 나무를 심어야 한다. 또, 황사 예보를 정확하게 할 수 있는 체계를 세워야 한다.

원인과 결과에 알맞은 이어 주는 말 넣기

이어 주는 말은 두 개의 문장을 이어 줄 때 사용하는 말이야. 원인과 결과는 떼려야 뗄 수 없는 관계에 있기 때문에 이어 주는 말을 알맞게 사용해야 하지.
1. 그래서: 원인이 되는 앞 문장과 결과가 되는 뒷문장을 이어 줄 때 씁니다.
2. 왜냐하면: 결과가 되는 앞 문장과 원인이 되는 뒷문장을 이어 줄 때 씁니다.

1. 황사로 인해 나타나는 일을 이 글에서 찾아 써 보세요.

(1) _____

(2) _____

(3) _____

(4) _____

(5) _____

★ 공기가 나빠짐, 사람이 질병에 걸림, 전자 장비가 고장남, 농작물 성장에 문제가 생김, 가축에게 전염병 생김 등이 있습니다.

2. ㉠~㉢은 원인과 결과가 드러난 문장입니다. 이것을 두 문장으로 각각 나누어 써 보세요.

(1) 먼지의 양이 늘어나서 공기가 더러워진다.

_____ 그래서 _____

(2) 사람이 더러운 공기를 코와 입으로 마시기 때문에 각종 질병에 걸리기 쉽다.

_____ 그렇기 때문에 _____

(3) 모래에 중금속과 발암 물질이 섞여서 인체에 해롭다.

_____ 그래서 _____

★ '-아/어서, -기 때문에' 앞의 내용이 원인을 나타내는 문장이고, 뒤의 내용이 결과를 나타내는 문장입니다.

1. 보기 와 같이 원인과 결과의 순서를 이어 주는 말에 유의하여 바꾸어 써 보세요.

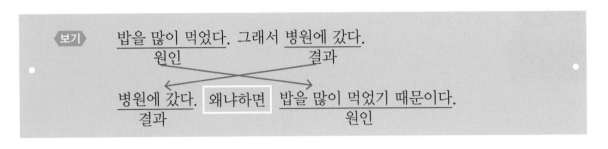

(1) 친구와 싸웠다. 그래서 선생님께 혼났다.

_____ [   ] _____

(2) 봄이 왔다. 그래서 꽃이 피었다.

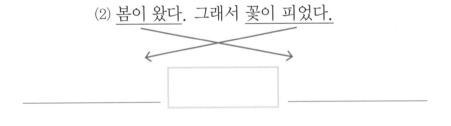

_____ [   ] _____

(3) 공부를 열심히 했다. 그래서 시험을 잘 봤다.

_____ [   ] _____

(4) 날씨가 맑다. 그래서 달이 잘 보인다.

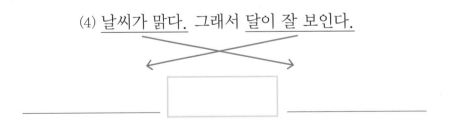

_____ [   ] _____

★ '그래서'는 원인이 되는 앞 문장과 결과가 되는 뒷문장을 이어 줄 때 쓰고, '왜냐하면'은 결과가 되는 앞 문장과 원인이 되는 뒷문장을 이어줄 때 씁니다.

2. **보기**와 같이 자신이 아는 옛이야기나 동화를 원인과 결과가 드러나도록 줄거리를 써 보세요.

> **보기**　홍길동은 서자인 까닭에 호부호형을 못 한다. 그래서 집을 떠나 산으로 가서 무예와 도술을 배운다. 홍길동은 활빈당이라는 무리를 만들어서 부자에게 빼앗은 재물을 백성들에게 나누어 준다. 그리고 나라를 떠나서 율도국을 정복하고 왕이 되어 다스린다.

★ 일어난 일을 '원인+결과' 또는 '결과+원인'의 순서로 정리해 봅니다. 이 문장들을 이어주는 말로 이어 주면 글이 매끄러워집니다.

선생님 말씀

교과
연계

문 법	주장과 근거, 논설문
제 재	광고문(실용 자료), 〈시애틀 추장의 연설문〉(연설문)
글쓰기	주장과 근거가 명확한 논설문 쓰기
교과 연계	4학년 1학기 3단원, 5학년 1학기 3단원, 6학년 1학기 3단원

11주

네 생각을 말해 봐!

주장과 근거

공부한 날: 월   일

훈민이는 고기만 먹는 편식 습관이 있고, 정음이는 채소만 먹는 편식 습관이 있어요. 두 사람이 밥상에서 각각 고기와 채소를 먹어야 한다고 주장하고 있어요. 함께 들어 보세요.

고기를 먹어야 해.
고기는 식감이 좋고 배가 부르지만
채소는 맛이 없어.

채소를 먹어야 해.
채소를 먹으면 건강해지는
느낌이 들지만 고기는 살이 찌고
소화가 안 되는 느낌이야.

난 다 먹어야 한다고
생각해!

주장과 근거

허허, 반찬을 가리지 않고 먹어야 영양소가 골고루 흡수되어서 몸이 튼튼해지지 않을까? 두 사람의 의견은 주관적 근거가 들어 있어서 모두를 납득시킬 수 없단다. 주장을 내세워 상대방을 설득시키려면 객관적이고 타당한 근거가 필요하거든. '주장'은 자신의 의견이나 견해를 말하고, '근거'는 주장이 나오게 된 바탕이나 까닭을 말해. 그러니까 자신의 주장을 바르게 펼치려면 이것을 뒷받침하는 충분한 근거를 마련해야 돼.

 다음 훈민이와 정음이의 주장과 근거를 찾아 줄로 이어 보세요.

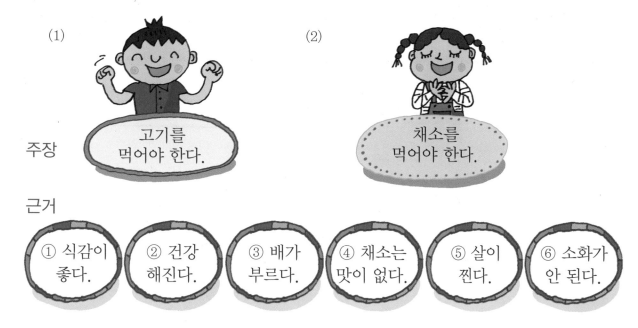

 위에서 훈민이와 정음이의 주장에 대한 근거는 모든 사람을 설득할 수 없습니다. 그 까닭을 줄로 이어 보세요.

(1) 식감이 좋다. ●

(2) 건강해진다. ●

(3) 배가 부르다. ●

(4) 채소는 맛이 없다. ●

(5) 살이 찐다. ●

(6) 소화가 안 된다. ●

● ① 근거가 정확하지 않아요!

● ② 근거가 객관적이지 않아요!

정답 (1) ①, ③, ④ (2) ②, ⑤, ⑥ (1) ② (2) ① (3) ② (4) ② (5) ① (6) ②

훈민이와 정음이는 빨리 키가 크고 싶었어요. 그런데 어느 날 약을 먹으면 키가 큰다는 광고를 보게 되었지요. 과연 약을 먹으면 키가 쑥쑥 자랄 수 있을지 함께 살펴보세요.

근거가 갖추어야 할 조건

주장을 뒷받침하는 근거가 정확하려면 갖추어야 할 조건이 있어.
1. 객관성: 자료가 개인의 치우친 생각이 아니라 공평한가?
2. 타당성: 선택한 자료나 정보가 진실한가?
3. 신뢰성: 자료가 믿을 만한 것인가?

1. 이 그림에서 '이 약을 먹으면 키가 큰다.'라는 주장에 대한 근거는 타당하지 않았습니다. 다음의 근거 중에서 이 주장을 드러내기에 적절한 것을 찾아 ○표 하세요.

① 초중고 학생 4만 명을 10년 동안 관찰한 결과 50% 이상이 키가 커졌다는 통계 자료

② 키가 잘 자라지 않는 한 어린이가 키가 큰 예

③ 대학 교수가 이 약을 추천한 것

★ 근거로 제시하는 말이나 예, 자료 등은 객관성, 타당성, 신뢰성을 갖추어야 합니다. 한 사람의 사례나 견해는 치우친 주장으로 빠질 수 있습니다.

2. 이 그림에서 '이 약을 먹으면 키가 큰다.'라는 주장에 대한 근거가 올바른지 다음 기준에 맞게 ○표 또는 ×표를 하세요.

기린의 먹이에서 성분을 추출했다.

(1) 자료가 개인의 생각에 치우치지 않고 공평한가? (○, ×)

(2) 자료가 진실한가? (○, ×)

(3) 자료가 믿을 만한가? (○, ×)

★ 근거가 적절한지를 판단할 때에는 객관성, 타당성, 신뢰성의 기준을 사용합니다. '기린이 키가 크니까 같은 먹이를 먹으면 키가 클 것이다.'라는 생각이 객관적이지 않고, 기린의 먹이의 어떤 성분이 들어갔는지 명확하게 제시되지 않았고, 기린과 사람의 성장 과정이 비슷하다는 어떤 이론도 없으므로 신뢰성이 떨어집니다.

훈민이와 정음이는 미국의 서부 개척 시대에 인디언 시애틀 추장이 쓴 〈우리는 결국 모두 형제들이다〉라는 연설문을 읽게 되었어요. 함께 읽어 보세요.

㉮ 워싱턴 대추장이 우리 땅을 사고 싶다는 의견을 전해 왔다. 대추장은 우정과 선의의 말도 함께 보내 왔다. 그가 답례로 우리의 우정의 뜻을 필요로 하지 않는다는 것을 알고 있다. 하지만 우리는 그대들의 제안을 진지하게 생각해 볼 것이다. 우리가 땅을 팔지 않으면 백인이 총을 들고 와서 우리 땅을 빼앗을 것임을 우리는 알고 있다. 그러나 자연은 사고파는 것이 아니다.

㉯ 그대들은 어떻게 저 하늘이나 땅의 온기를 사고팔 수 있는가? 우리는 이상한 생각이라 생각한다. 공기의 신선함과 반짝이는 물을 우리가 가지고 있지도 않은데, 어떻게 그것들을 팔 수 있단 말인가?

우리에게는 이 땅의 모든 부분이 거룩하다. 빛나는 솔잎, 모래 기슭, 어두운 숲속 안개, 맑게 노래하는 온갖 벌레들, 이 모두가 신성한 것들이다. 나무 속에 흐르는 수액은 우리 종족의 역사를 실어 나른다. 백인은 죽어서 별들 사이를 거닐 적에 그들이 태어난 곳을 잊어버리지만, 우리가 죽어서도 이 아름다운 땅을 잊지 못하는 것은 이것이 바로 우리 붉은 인종의 어머니이기 때문이다.

우리는 땅의 한 부분이고 땅은 우리의 한 부분이다. 향기로운 꽃은 우리의 자매이다. 사슴, 말, 큰 독수리, 이들은 우리의 형제들이다.

㉰ 그대들은 아이들에게 그들이 딛고 선 땅이 우리 조상의 뼈라는 것을 가르쳐야 한다. 그들이 땅을 존경할 수 있도록 그 땅이 우리 종족의 삶들로 충만해 있다고 전해 주어라. 우리 아이들에게 가르친 것을 그대들의 아이들에게도 가르치라. 땅은 어머니이므로 땅 위에 닥친 일은 그 땅의 아들들에게 닥칠 것이니, 그들이 침을 뱉으면 그것은 곧 자신에게 침을 뱉는 것과 같다. 땅이 인간에게 속하는 것이 아니라 인간이 땅에 속한 것임을 알아야 한다.

논설문(연설문)의 특성

논설문(연설문)은 어떤 주제에 대해 자신의 주장이나 의견을 논리적으로 내세워 읽는(듣는) 사람을 설득하기 위한 글이야. 이 글은 다음과 같은 특성이 있어.

1. 주장의 독창성: 의견과 주장이 독창적이어야 합니다.
2. 근거의 타당성: 주장에 대한 근거가 타당해야 합니다.
3. 용어의 정확성: 분명한 의사 전달을 위해 정확한 용어를 사용해야 합니다.
4. 구성의 체계성: 글의 구성이 논리적이고 체계적이어야 합니다.

1. 이 글의 주제는 무엇인지 본문을 이용하여 써 보세요.

_____

★시애틀 추장은 땅을 사고팔 물건으로 생각하는 사람들에게 자연의 소중함을 일깨우고 있습니다.

2. 이 글의 내용을 정리한 것입니다. 빈칸에 알맞은 문장을 써 넣으세요.

서론	(1) 워싱턴 대추장의 의견을 ( )
본론	(2) 땅(자연)을 ( )는 생각은 이상하다. (3) 땅의 모든 부분은 ( ). (4) 땅과 ( )(은)는 서로 떨어질 수 없다.
결론	(5) ( ) 땅의 소중함을 가르쳐야 한다.

★서론에 시애틀 추장이 글을 쓰게 된 계기가 나타나 있고, 본론에 땅을 사고팔 수 없는 까닭이 나타나 있으며, 결론에 땅을 사고팔 수 없다는 주장을 내세웠다.

3. 이 글을 통해 시애틀 추장이 궁극적으로 주장한 것이 무엇인지 써 보세요.

_____

★시애틀 추장은 땅을 빼앗으려는 백인들의 무력 앞에서 자연(땅)을 지키고 싶다는 뜻을 보여 주고 있다.

1. 다음은 논설문을 쓰기 위해 모아놓은 주제들입니다. 이 중에서 다음에 해당하는 것의 번호를 써 넣으세요.

① 좋은 책을 골라 읽자   ② 교통질서를 잘 지키자

③ 규칙적인 운동을 하자   ④ 실내에서 조용히 하자

⑤ 부모님께 효도하자   ⑥ 집단 따돌림을 하지 말자

(1) 문제점을 고치자는 주장

(2) 개인을 위한 주장

★ 논설문의 주제는 사회 구성원으로서 문제점을 고치자는 주장과 개인의 발전을 위해 해야 하는 일 등으로 나눌 수 있습니다. 실천해야 할 사람이 누구인지 생각하여 나누어 봅니다.

2. 1에서 자신이 쓰고 싶은 주제를 하나 선택하고, 다음 개요에 적절한 내용을 써 넣으세요.

주제	(1)
서론	(2)
본론	(3)
결론	(4)

★ 서론에는 글을 쓰게 된 동기나 목적을 드러내고, 본론에서는 글 쓰는 이의 주장과 그에 따른 이유나 근거를 제시하고, 결론에는 본론의 주장을 요약하고 마무리하는 내용을 씁니다.

3. 2를 바탕으로 하여 자신이 정한 주제에 대해 주장과 근거가 명확한 논설문을 써 보세요.

★ 개요에서 짠 내용대로 단락을 구성하여 자신이 주장하고자 하는 주장을 일관되고 분명하게 드러내는 논설문을 써 봅니다.

선생님 말씀

교과 연계	문 법	글쓰기 과정과 고쳐쓰기
	제 재	〈안네의 일기〉(명작 동화)
	글쓰기	주제에 맞는 발표문을 쓰고 고쳐쓰기
	교과 연계	6학년 2학기 4단원

12주

다 쓴 거 아니야!

글쓰기 과정과 고쳐쓰기

공부한 날:　　월　　일

훈민이는 정음이에게 쪽지를 보냈어요. 그런데 정음이는 다음 답글을 훈민이에게 보냈지요.
두 사람이 뭐라고 썼을지 함께 살펴보세요.

글쓰기의 과정과 고쳐쓰기

글을 쓸 때에는 '주제 정하기 ⇨ 내용 선정하기 ⇨ 정보 수집하기 ⇨ 내용 구성하기 ⇨ 글쓰기'의 과정을 거쳐야 해. 그리고 글을 쓰고 난 뒤에는 자신의 글을 다시 읽어 보고 내용과 표현을 고쳐 쓰는 과정이 필요하단다. 이것을 '고쳐쓰기'라고 부르지. 잘못 사용된 낱말은 없는지, 문장은 부드럽게 이어지는지, 문단의 내용은 매끄러운지 등을 살펴보면 된단다.

 훈민이의 쪽지에서 잘못 쓴 낱말을 알맞게 고친 것에 ○표 하세요.

(1)

안농?

- 안녕?
- 안녕하세요?
- 아니요?

(2)

조아?

- 조와?
- 좋와?
- 좋아?

 다음은 훈민이의 쪽지 중 일부입니다. 밑줄 친 말을 바르게 찾아 고쳐 써 보세요.

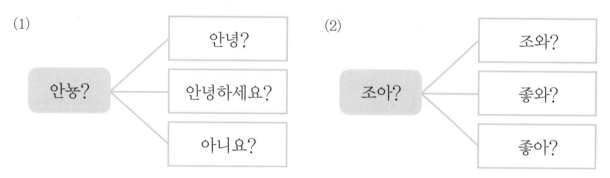

일단 <u>추카추카해</u>!

↓

| 일 | 단 | | | | ! |

'추카추카'는 맞춤법에 어긋난 표현입니다. '축하축하'를 소리 나는 대로 읽어서 쓴 것이지요. 따라서 맞춤법에 맞게 고쳐 써야 합니다.

정답 ★ (1) 안녕? (2) 좋아? ★ 축하해

정음이에게 고쳐쓰기에 대해 들은 훈민이는 생각이 많아졌어요. 그래서 그 동안 모르고 지나갔는데 고쳐 써야 할 것은 없는지 살펴보기로 했지요. 훈민이가 찾은 고쳐 쓸 점은 어떤 것이 있는지 살펴보세요.

교정 부호를 이용하여 고쳐쓰기

글을 고칠 때에는 여러 가지 교정 부호를 사용할 수 있단다. 띄어 쓸 때(∨), 붙여 쓸 때(⌒), 글자를 뺄 때(∂), 글자나 낱말의 앞뒤 순서를 바꿀 때(∽) 등 교정 부호를 이용하면 글을 고쳐 쓰는 것이 훨씬 쉬워지지.

1. 다음은 전단지에 나온 내용으로, 알맞게 고쳐 쓰려고 합니다. 밑줄친 잘못 쓰인 글자를 바르게 고칠 때, 알맞은 글자를 보기에서 찾아 번호를 써 넣으세요.

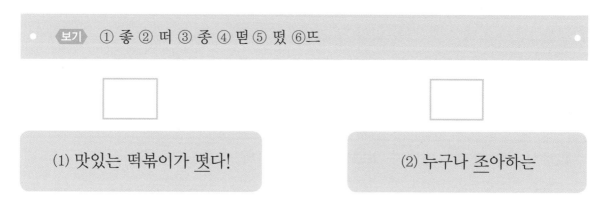

보기 ① 좋 ② 떠 ③ 종 ④ 떤 ⑤ 떴 ⑥ 뜨

☐

☐

(1) 맛있는 떡볶이가 떳다!

(2) 누구나 조아하는

★ '뜨다'는 물속이나 지면 따위에서 가라앉거나 내려앉지 않고 물 위나 공중에 있거나 위쪽으로 솟아오르다는 뜻으로 '뜨고', '뜨니', '떴다' 와 같이 활용됩니다. 그리고 '좋다'는 대상의 성질이나 내용 따위가 보통 이상의 수준이어서 만족할 만하다는 뜻으로 '좋으니', '좋아'와 같이 활용됩니다.

2. 다음은 전단지에 나온 내용으로, 교정 부호를 이용해 고쳐 쓰려고 합니다. 필요한 교정 부호를 줄로 이어 보세요.

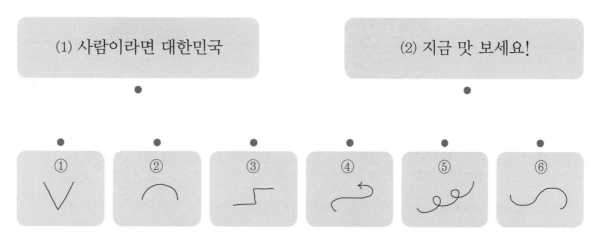

(1) 사람이라면 대한민국

(2) 지금 맛 보세요!

★ '사람이라면 대한민국'은 '대한민국 사람이라면'으로 고쳐 쓰는 것이 알맞고, '지금 맛 보세요!'는 '지금 맛보세요!'로 고쳐 쓰는 것이 알맞습니다.

훈민이는 정음이의 도움 없이 혼자서 고쳐쓰기를 해 보고 싶었어요. 그래서 〈안네의 일기〉를 읽고 쓴 독서 감상문을 다시 한 번 읽어 보며 고쳐쓰기를 해 보기로 했지요. 고쳐 써야 할 부분을 생각하면서 글을 읽어 보세요.

안네야, 힘 내!

나는 오늘 〈안네의 일기〉를 읽었다. 안네는 유대 인이라는 이유만으로
몇 년 간 숨어 살아야 했고, 결국은 잡혀서 슬픈 죽음을 맞아야 했다.
그런 안네를 생각하면 참 마음이 아프다. 나는 오늘 친구와 놀이터에서 놀았다.
내가 만약 안네였으면 걸어 다닐 때도 조심해야 하고,
화장실 물도 제대로 내릴 수 없었던 다락방에서의
생활을 못 견뎠을 것이다.
그런 점에서 안네가 ㉠별로 대단하게 느껴졌다.
비록 안네는 슬픈 죽음을 맞이했지만 안네의 뜻이
㉡기리기리 이어지길 바란다.
안네야, 힘 내! ㉢안뇽!

글의 수준별 고쳐쓰기

글을 고쳐 쓸 때에는 '글 수준 – 문단 수준 – 문장 수준 – 단어 수준'의 순서로 검토하는 것이 올바르단다. '글 수준'에서는 글의 제목이 적절한지, 글 전체가 하나의 주제로 통일되었는지 등을 살펴보면 되지. '문단 수준'에서는 문단의 중심 생각이 잘 표현되었는지를 살펴보면 좋고, '문장 수준'에서는 문장의 호응 관계, 높임말 등을 살펴보면 된단다. 끝으로 '낱말 수준'은 맞춤법에 주의하면서 보면 되는 거란다.

1. 다음은 훈민이가 쓴 독서 감상문입니다. 빼야 할 문장을 찾아 밑줄을 그어 보세요.

> 나는 오늘 〈안네의 일기〉를 읽었다. 안네는 유대 인이라는 이유만으로
> 몇 년 간 숨어 살아야 했고, 결국은 잡혀서 슬픈 죽음을 맞아야 했다. 그런
> 안네를 생각하면 참 마음이 아프다. 나는 오늘 친구와 놀이터에서 놀았다.

★ 한 문단에는 하나의 중심 생각만 있는 것이 좋습니다. 따라서 다른 내용의 문장은 빼서 고쳐 써야 합니다.

2. 다음 문장에서 잘못 쓴 ㉠~㉢을 바르게 고쳐 쓰세요.

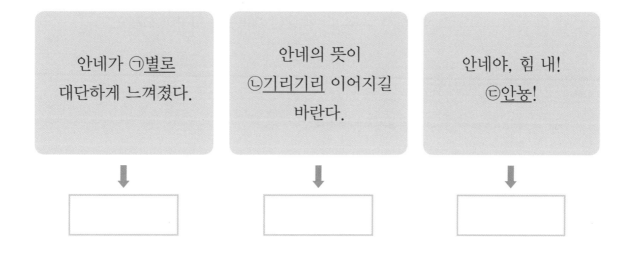

안네가 ㉠별로 대단하게 느껴졌다.

안네의 뜻이 ㉡기리기리 이어지길 바란다.

안네야, 힘 내! ㉢안뇽!

★ '별로'는 '이렇다 하게 따로 또는 그다지 다르게'의 의미로 문장에 어울리지 않아 고쳐 써야 합니다. 또한 '기리기리'와 '안뇽'은 맞춤법에 어긋난 낱말로 바르게 고쳐 써야 합니다.

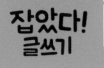

잡았다! 글쓰기

[1~3] 다음은 훈민이 동생이 쓴 발표문입니다. 잘 읽고 물음에 답하세요.

> ⓐ학교 발표 숙제
>
> 저는 귀여운 강아지 한 ⓑ명을 키우고 있습니다. 저는 야구를 참 좋아합니다. 강아지의 이름은 '송이'로 하얀색 말티즈입니다. 저는 송이가 아프지 않고 오래오래 함께 살았으면 좋겠습니다. ⓒ그러나 저는 수의사가 되고 싶습니다. 제가 수의사가 되면 송이가 아플 때 고쳐줄 수 있고 아프지 않게 도와 줄 수 있을 것입니다.

1. 이 글에는 전체적인 흐름에 알맞지 않아서 빠져야 할 문장이 있습니다. 찾아 써 보세요.

★ 전체적으로 수의사가 되고자 하는 꿈에 대한 내용입니다. 따라서 야구를 좋아하는 내용은 관련이 없으므로 빼는 것이 자연스럽습니다.

2. ⓐ은 이 글의 제목으로 적절하지 않습니다. 적절한 제목으로 바꾸어 쓰세요.

★ 제목은 글 전체를 아우를 수 있는 내용으로 쓰는 것이 적절합니다.

3. ⓑ, ⓒ을 알맞게 고쳐 써 보세요.

★ 동물을 세는 단위는 '마리'이며, 고쳐 쓸 때에는 접속어도 잘 살펴 고쳐야 합니다.

4. 훈민이 동생의 발표문을 참고하여 '나의 꿈'을 주제로 한 발표문을 써 보세요. 이때 글을 다 쓴 다음에 다시 한 번 읽어보며 고쳐쓰기를 해 보세요.

★ 글을 고쳐 쓸 때에는 글의 내용이 주제에 맞는지 확인하여야 합니다. 그리고 교정 부호를 이용하여 고쳐 쓸 수도 있습니다. 또한 '글 수준 – 문단 수준 – 문장 수준 – 낱말 수준'의 순서로 검토해 보면 좋습니다.

선생님 말씀

1주 자음과 모음

맞춤법을 잡아라! 12~13쪽
1. (1) ② (2) ⑤ (3) ③ (4) ① (5) ④
2. (1) 히읗 (2) 쌍기역

글쓰기를 잡아라! 14~15쪽
1. (1) ㅁ (2) ㄱ (3) ㄴ
2. (1) ㅁ, ㅡ, 므 (2) ㄴ, ㅣ, 니

잡았다! 글쓰기 16~17쪽
1. (1) ㄱ (2) ㅏ (3) ㅓ
2. 예 (1) 빨래집게 보고 시옷 자도 모른다. (2) 에 해 다르고 애 해 다르다.
3. 세종 대왕, 1443, 1446, 훈민정음, 백성을 가르치는 바른 소리, 백성, 17, 11, 발음 기관, 하늘, 땅, 사람, 세계 기록 유산

2주 이중모음과 겹받침

맞춤법을 잡아라! 22~23쪽
1. (1) 의자 (2) 흰색 (3) 무늬
2. (1) 의자 (2) 힌색 (3) 무니

글쓰기를 잡아라! 24~25쪽
1. (1) 앉았어요 (2) 예 수업이 시작되자 학생들이 모두 의자에 앉았어요.
2. 없었어

잡았다! 글쓰기 26~27쪽
1. 선생님
2. 없다, 값지다
3. 각자 써 봅니다.

3주 발음이 같은 말, 뜻이 비슷한 말

맞춤법을 잡아라! 32~33쪽
1. (1) 절이다, 저리다 (2) 새다, 세다
2. (1) ②, ① (2) ②, ①

글쓰기를 잡아라! 34~35쪽
1. (1) 햇볕 (2) 넓이
2. 예 (1) 나는 독서왕 문제를 모두 맞혔다. (2) 오늘 건물을 부수었다. (3) 컵을 부셔서 써라.

잡았다! 글쓰기 36~37쪽
1. (1) 껍데기 (2) 껍질 (3) 가늠하다 (4) 가름하다
2. 예 (1) 동생이 돌에 걸려 넘어져서 다리를 다치다. (2) 도서관 문이 닫히다.
3. 각자 활동해 봅니다.

4주 수량의 단위를 나타내는 말

맞춤법을 잡아라! 42~43쪽
1. (1) 그릇 (2) 알 (3) 타래 (4) 동 (5) 마리
2. 예 세 단, 여러 톨, 여러 채, 한 필

글쓰기를 잡아라! 44~45쪽
1. (1) 뿌리 (2) 동 (3) 자밤 (4) 접 (5) 손
2. (1) 두셋, 서넛, 대여섯, 예닐곱

잡았다! 글쓰기 46~47쪽
1. (1) 두, 두, 네 (2) 예 원앙새, 부엉이, 구피, 쌍둥이 (3) 예 연못, 원앙새
2. 각자 써 봅니다.

5주 다의어의 쓰임

맞춤법을 잡아라! 52~53쪽
1. ①
2. (1) 휘감다 (2) 밑 (3) 여행
3. ①

글쓰기를 잡아라! 54~55쪽
1. 가다
2. 예 (1) 나는 손을 깨끗이 씻었다. (2) 삼촌은 논에서 손을 도우셨다. (3) 나는 할머니의 손에서 자랐다. (4) 일의 성공은 네 손에 달려 있다. (5) 손오공이 부처님 손 안에서 놀아나다.

잡았다! 글쓰기 56~57쪽
1. (1) ① (2) ③ (3) ② (4) ④
2~3. 각자 활동해 봅니다.

6주 용언의 활용

맞춤법을 잡아라! 62~63쪽
1. (1) 푸르고, 푸르러, 푸르니 (2) 하고, 하여, 하니 (3) 보고, 보아, 보니 (4) 걷고, 걸어, 걸으니 (5) 빨갛고, 빨개, 빨가니 (6) 감고, 감아, 감으니 (7) 타고, 타, 타니
2. (1) ②, ④, ⑦ (1) ①, ③, ⑤, ⑥

글쓰기를 잡아라! 64~65쪽
1. (1) 파랗, 아 (2) 예쁘, 어서 (3) 하, 았다 (4) 돕, 았다 (5) 짓, 어 (6) 빌, 니
2. 예 운동을 하면 얼굴이 예뻐진다.

잡았다! 글쓰기 66~67쪽
1. (1) 가느다랗, ㄴ (2) 춥, 어서 (3) 파랗, 습니다.
2. (1) 가느다란 (2) 파란
3. 각자 활동해 봅니다.

맞춤법을 잡아라! 72~73쪽
1. (1) 우리 할아버지 시계 (2) 이젠 더 가질 않네
2. (1) 안 (2) 않 (3) 안

글쓰기를 잡아라! 74~75쪽
1. (1) 되기로 (2) 안 된다
2. (1) 이 (2) 이, 히

잡았다! 글쓰기 76~77쪽
1. (1) 돼기도 ⇨ 되기도 (2) 반듯히 ⇨ 반드시
2. 솔직히, 쓸쓸히, 분명히, 조용히
3. 각자 써 봅니다.

8주 문장의 호응

맞춤법을 잡아라! 82~83쪽
1. ① ○ ② ×
2. (1) 결코 (2) 비록 (3) 만약

글쓰기를 잡아라! 84~8쪽
1. 앞으로
2. 어제 밤에도 별이 바람에 스쳤다. / 내일 밤에도 별이 바람에 스칠 것이다.

잡았다! 글쓰기 86~87쪽
1. 할머니께서 호호호 웃으신다.
2. 아마
3. 각자 써 봅니다.

9주 관용 표현

맞춤법을 잡아라! 92~93쪽
1. (1) ③ (2) ④
2. (1) 손 (2) 발 (3) 코

글쓰기를 잡아라! 94~95쪽
1. (1) 공든 탑이 무너지랴. (2) 가는 말이 고와야 오는 말이 곱다.
2. 말

잡았다! 글쓰기 96~97쪽
1. 코가 납작해진 자라
2. 엎친 데 덮친 격
3. 각자 써 봅니다.

10주 원인과 결과

맞춤법을 잡아라! 102~103쪽
1. (1) ①, ②, ③, ④ (2) ⑤, ⑥, ⑦, ⑧
2. (1) 콩을 심었다. 콩이 났다. (2) 윗물이 맑다. 아랫물이 맑다.

글쓰기를 잡아라! 104~105쪽
1. (1) 공기가 더러워진다. (2) 각종 질병에 걸리기 쉽다. (3) 전자 장비에 이상을 일으킬 수 있다. (4) 농작물과 식물의 성장을 방해한다. (5) 가축에게 전염병을 일으킨다.
2. (1) 먼지의 양이 늘어난다. 공기가 더러워진다. (2) 사람이 코와 입으로 마신다, 각종 질병에 걸리기 쉽다. (3) 모래에 중금속과 발암 물질이 섞인다. 인체에 해롭다.

잡았다! 글쓰기 106~107쪽
1. (1) 선생님께 혼났다. 왜냐하면 친구와 싸웠기 때문이다. (2) 꽃이 피었다. 왜냐하면 봄이 왔기 때문이다. (3) 시험을 잘 봤다. 왜냐하면 공부를 열심히 했기 때문이다. (4) 달이 잘 보인다. 왜냐하면 날씨가 맑기 때문이다.
2. 각자 써 봅니다.

11주 주장과 근거

맞춤법을 잡아라! 112~113쪽
1. (1) ①
2. (1) × (2) × (3) ×

글쓰기를 잡아라! 114~115쪽
1. 자연을 사고팔면 안 된다(자연은 소중하다.).
2. (1) 생각해 보겠다. (2) 사고판다 (3) 거룩하다 (4) 우리(인간) (5) 아이들에게
3. 우리가 살고 있는 땅을 팔지 않겠다.

잡았다! 글쓰기 116~117쪽
1. 예 (1) ②, ④, ⑥ (2) ①, ③, ⑤
2. 예 (1) 부모님께 효도하자 (2) 부모님과 의견이 서로 맞지 않는 경우가 있다. (3) 부모님은 우리를 낳아 주신 분이다, 부모님은 나를 위해 희생하신다. 부모님의 사랑에 보답해야 한다. (4) 부모님께 효도하자.
3. 각자 써 봅니다.

12주 글쓰기의 과정과 고쳐쓰기

맞춤법을 잡아라! 122~123쪽
1. (1) ⑤ (2) ①
2. (1) ⑥ (2) ②

글쓰기를 잡아라! 124~125쪽
1. 나는 오늘 친구와 놀이터에서 놀았다.
2. (1) 매우(정말) (2) 길이길이 (3) 안녕!

잡았다! 글쓰기 126~127쪽
1. 저는 야구를 참 좋아합니다.
2. 예 내 꿈은 수의사
3. (1) 마리 (2) 그래서
4. 각자 써 봅니다.

맞춤법
잡는
글쓰기

2016년 9월 26일 1판 1쇄
2021년 2월 28일 1판 3쇄

글_ 지에밥 창작연구소
그림_ 홍성지
디자인_ 장현순
사진_ 굿이미지, 두피디아 포토박스, 국립중앙박물관, 호암미술관

펴낸이_ 강영주
펴낸곳_ 지에밥
주소_ 경기도 성남시 분당구 장미로 55, 110-1602
전화_ (031)602-0190
팩스_ (031)602-0190, 0504-236-0190
등록_ 제2012-000051호(2011. 10. 20.)
이메일_ slchan01@naver.com
블로그_ blog.naver.com/slchan01
ISBN_ 979-11-85646-19-0 64710